EL BARCO DE VAPOR

# Paula y el rey niño

Concha López Narváez
Rafael Salmerón

sm

www.literaturasm.com

Dirección editorial: Elsa Aguiar
Coordinación editorial: Gabriel Brandariz
Ilustraciones: Rafael Salmerón


Impresores, 2
Urbanización Prado del Espino
28660 Boadilla del Monte (Madrid)
www.grupo-sm.com

ATENCIÓN AL CLIENTE
Tel.: 902 121 323
Fax: 902 241 222
e-mail: clientes@grupo-sm.com

ISBN: 978-84-675-3641-6
Depósito legal: M-514-2012
Impreso en la UE / *Printed in EU*

## *Antes de empezar*

Amigo lector:

Si todavía no conoces a Paula y al Guardián del Tiempo, será mejor que leas lo que sigue; pero si ya sabes quiénes son, puedes pasar directamente al primer capítulo.

Paula es una niña decidida y alegre que vive con sus padres en una vieja casa de campo; quizás no sea demasiado grande y tampoco muy cómoda, pero Paula nació en ella y no quiere ni pensar en la posibilidad de que algún día tenga que abandonarla para ir a vivir en uno de esos modernos pisos de Toledo, que es la ciudad más cercana.

Cuando desea estar sola y tranquila, Paula salta la valla de la finca en la que se encuentra la casa, cruza la estrecha carretera, por la que apenas pasan coches, y se oculta en su refugio secreto, un montecillo de rocas que está rodeado de encinas. Desde allí, Paula puede verlo todo sin que nadie la vea.

Justo enfrente del refugio, como a unos trescientos metros en línea recta, hay un castillo en ruinas; por detrás de sus murallas corre un río saltarín y alegre, sobre cuyas aguas se alza un pequeño puente romano.

Pero un día, Paula se encuentra en su refugio a un curioso visitante: el Guardián del Tiempo. Se trata de un anciano de barba y cabellos largos y blancos, y brillantes ojos completamente negros, que viste una túnica de color verde parduzco y calza sandalias en el mismo tono. Paula no sabe decir si se trata de un espíritu, un brujo o un duende, pero sí está segura de que no es un anciano como los demás. El Guardián del Tiempo es capaz de adivinar todos sus pensamientos y, lo más importante, tiene el poder de transportarla a otra época, de hacerla partícipe de las historias y aventuras protagonizadas por las personas que han vivido en ese mismo sitio hace siglos, ¡incluso milenios! Es como si Paula estuviera contemplando una película y, de pronto, se encontrara en la escena y formara parte de ella.

Gracias a las visitas del Guardián del Tiempo, Paula ha hecho amigos, ha corrido aventuras y ha resuelto misterios en la Prehistoria, en la época en que España era una provincia del imperio romano, en los años de los turbulentos reinados visigodos o mientras en la Península ondeaba la bandera de la media luna.

Cuando el anciano se marcha, Paula apenas recuerda todo lo que ha visto y oído. Sencillamente, cree que se ha quedado dormida, y aunque hace grandes esfuerzos para recordar lo que ha soñado, no lo consigue. Sin embargo, cada vez que el Guardián del Tiempo vuelve a visitarla, lo reconoce al instante. Se alegra tanto de verlo que sus ojos brillan y su corazón late emocionado, esperando con impaciencia el momento en el que el anciano comience a contarle una nueva historia que haga retroceder el tiempo para ella. Quién sabe adónde la llevará la próxima vez.

# 1 *¿Quién estaba en el refugio secreto?*

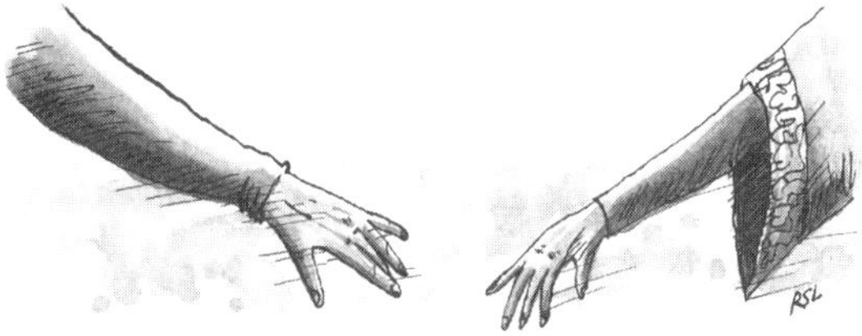


CIERTO sábado por la mañana, a primeros del mes de julio, Paula se encontraba tranquilamente sentada en su refugio secreto. Su paz era completa mientras contemplaba el viejo castillo y escuchaba, a lo lejos, el alegre rumor de las aguas del río.

Acariciaba distraída y suavemente la roca plana sobre la que se hallaba, cuando de pronto tuvo la clara sensación de no encontrarse sola. Se volvió despacio y lo descubrió a su lado. Era él, ¡el anciano Guardián del Tiempo!

Durante unos segundos se miraron sonrientes, saludándose sin palabras, hasta que el anciano preguntó:

–¿Te gustaría saber lo que sucedió en este lugar hace más o menos ocho siglos?

Los emocionados ojos de Paula se abrieron de par en par, porque precisamente en eso estaba ella pensando: «¿Qué ocurriría en el castillo hace muchísimos años? ¿Cómo sería la vida entonces? ¿Se celebrarían alegres fiestas de damas y caballeros? ¿Habría luchas con lanzas y espadas?», se preguntaba justo cuando él apareció.

–Tal día como hoy, pero del año 1226, había alguien en este mismo refugio –empezó a decir alegremente el anciano mientras iba a sentarse junto a Paula.

–¿Quién? –preguntó Paula impaciente.

–Espera un poco, que las historias han de empezar por el principio –le respondió, y enseguida continuó hablando–: En julio del año 1226, don Fernando III era rey de Castilla. Por aquellas fechas estaba en Toledo, porque entonces se empezó a construir la catedral.

–¿El rey de Castilla?... Será el rey de España. Castilla solo es una comunidad autónoma; bueno, ¡dos! –exclamó extrañada Paula.

–No, quiero decir el rey de Castilla. Recuerda, Paula, que hace siglos España estaba dividida en reinos: el de León, el de Navarra, el de Aragón y el de Castilla, además de los reinos moros de Andalucía, Valencia, Murcia y Extremadura.

–¿Todos esos reinos había en España? –se asombró Paula–. ¿Y cada uno con su rey? Pues sería un auténtico lío...

El anciano rio:

–Todos esos, y cada uno con su rey. Y un poco complicado sí que era... Además, a veces los reyes luchaban unos contra otros, aunque cuando no lo hacían eran muy amigos, y hasta casaban a sus hijos... Bueno, como te decía, el rey Fernando estaba en Toledo; pero tal día como hoy se encontraba en el castillo que tenemos frente a nosotros, y con él había muchos caballeros... Precisamente uno de ellos viene ahora hacia acá. Escucha con atención.

Paula oyó con claridad el sonido de los cascos de un caballo que se acercaba. Se levantó de un salto para tratar de verlo, pero el anciano dijo:

–Ven, ahora tenemos que ocultarnos.

Y, tomándola de la mano, la condujo detrás de las rocas más altas del refugio.

Apenas lo habían hecho cuando los cascos del caballo se detuvieron. Poco después, las ramas de las encinas que rodeaban el refugio se agitaron y alguien se dejó caer en la misma piedra plana en la que, minutos antes, estaba sentada Paula.

Era un hombre joven, vestido con una túnica que le llegaba casi a las rodillas. Debajo de ella no llevaba pantalones, sino una especie de leotardos. De su cintura colgaba una enorme espada y sobre el pecho tenía bordados dos preciosos peces de plata.

Cuando Paula se volvió hacia el anciano para preguntarle quién era, observó que él ya no llevaba las mismas ropas que hacía un momento: la extraña y larga túnica de color verde se había convertido en otra mucho más corta, de paño corriente, y sus delgadas piernas también estaban cubiertas por algo muy semejante a unos leotardos, y tampoco llevaba sandalias, sino botas, parecidas a las del hombre que tenía delante, aunque de piel menos fina.

–Recuerda que el tiempo ha retrocedido para nosotros. Ahora estamos en 1226. ¡No querrás asombrar a todo el mundo con nuestros vestidos! –susurró el anciano a su oído.

Al oírlo, Paula supo que sus ropas también habían cambiado. Era lo que siempre ocurría cuando comenzaba una nueva aventura. Esta vez, su cuerpo se hallaba prisionero dentro de un horrible traje: oscuro, largo y escurrido...

–Este joven se llama don Álvaro de Aldanza y es uno de los caballeros más valientes del reino. El rey don Fernando lo quiere como al mejor de sus amigos –dijo luego el anciano señalando al hombre que tenían ante ellos, y enseguida añadió–: Está muy triste.

Realmente no se equivocaba: poco a poco, el cuerpo del joven caballero fue venciéndose hacia delante, sus brazos se apoyaron en las rodillas y, ocultando la cara entre sus manos, estalló en sollozos.

Paula sintió que se formaba un nudo en su garganta y que sus ojos se humedecían. Nunca había visto llorar a un hombre con tanta tristeza... ¡Pobre caballero! Pero, de repente, la tristeza se le convirtió en rabia y comenzó a golpear la piedra con los puños.

Paula miró al anciano, alarmada.

–Es solo una manera de desahogar su espíritu –explicó él.

Debía de ser cierto, porque los desesperados sollozos fueron calmándose. Poco después,

el joven dejó de golpear la piedra y, reclinándose contra una roca, permaneció en silencio, con la mirada perdida en algún punto lejano.

–Está contemplando el castillo. Hacia allí vuelan sus pensamientos, es allí donde tiene su corazón –susurró el anciano, y enseguida añadió–: Ven, ahora él nos necesita. Pero salgamos del refugio por detrás y en silencio; no debe saber que le hemos visto llorar.

–Seguramente preferirá estar solo –dijo Paula.

–A veces es necesario hablar. Hay cosas que duelen demasiado cuando se guardan.

–Pero si ni siquiera nos conoce...

–Las grandes penas se confían más fácilmente a los desconocidos.

Mientras hablaban, Paula y el anciano habían descendido del refugio por la parte trasera y se dirigían a la delantera; pero ya no calladamente, sino procurando hacer algo de ruido para que el caballero pudiera oírlos.

Cuando llegaron adonde estaba, el anciano apartó las ramas de las encinas que disimulaban la entrada del refugio secreto y saludó con amabilidad, pero de forma muy decidida. Paula, en cambio, se sentía avergonzada. Le parecía una verdadera imprudencia interrumpir la soledad de quien deseaba estar solo.

En un primer momento pareció tener razón porque, al advertir su presencia, el caballero los miró con disgusto mientras respondía, breve y secamente, al saludo del Guardián del Tiempo.

Lo normal entonces hubiera sido disculparse, decir adiós y dar la vuelta; pero el anciano no hizo nada de eso; muy al contrario, se aproximó al caballero, lo miró a los ojos y dijo:

–Quizás, si nos confiarais vuestras tristezas, estas no serían tan grandes.

«¡Dios mío! Ahora el caballero se levantará y se irá indignado...», pensó Paula, roja de vergüenza.

Sin embargo, el caballero no se levantó, y tampoco en sus ojos había indignación alguna, aunque sí una gran sorpresa.

El anciano insistió:

–Podéis hablar sin reparo. Conozco bien a esta niña: a veces su mirada se enciende enfadada, pero tiene el corazón bueno y compasivo, y os escuchará con atención. En cuanto a mí, he oído todas las tristezas del mundo... La causa de vuestro pesar tiene nombre de mujer, ¿no es cierto, don Álvaro? –preguntó después de un corto silencio.

–¿Me conocéis? –preguntó el caballero, sorprendido.

–Son muchos los que os conocen en el reino, no en vano sois uno de los caballeros más valientes; pero yo os conozco desde mucho antes, cuando aún erais un niño y vivíais en tierras de Cuenca. También conocí a vuestros buenos padres. Fueron muy felices antes de que la mala suerte cayera sobre su casa y sus tierras. Ella, doña Teresa, era sencilla y hermosa, inteligente y buena; él, don Rodrigo, valeroso y prudente.

Los ojos del caballero brillaron un momento mientras decía emocionado:

–Conocisteis a mis padres...

–Sí, y sé lo mucho que os querían y lo mucho que sufristeis al perderlos. Pero ahora es otra la causa de vuestra tristeza.

–Tenéis razón: la causa de mi tristeza se llama doña Guiomar.

–Doña Guiomar de Cuetos está ahora en el castillo y es hija del conde de Almarán –dijo el anciano, y el caballero enrojeció violentamente.

–Creí que era un secreto a salvo –exclamó, sorprendido e inquieto.

–Y lo es, no temáis. Lo que sucede es que soy viejo y os he visto juntos... Sé leer en los ojos de los enamorados.

El caballero pareció tranquilizarse y, tras una corta pausa, se decidió a seguir hablando:

–Durante mucho tiempo nos hemos querido en silencio. Sabía que su amor era demasiado para mí. Ella es la hija de un conde, y yo... ¿Quién soy yo?... Solo un caballero sin familia. Sin embargo la amo, y ella me ama... Doña Guiomar decía que nuestro amor triunfaría por encima del mundo entero, y como ella lo decía, yo también la creí. Pero, para nuestra desdicha, estábamos equivocados. A partir de mañana tendremos que separarnos para siempre...

El caballero se hundió en un largo y triste silencio y las lágrimas volvieron a correr por sus mejillas sin que él hiciera nada para detenerlas, tan grande era su pena.

## 2 *¿Por qué?*

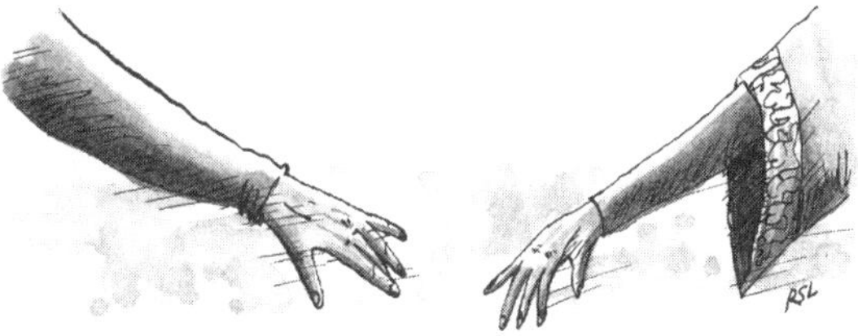

–¿POR qué habéis de separaros de la dama a la que tanto queréis? –preguntó Paula en voz baja.

–Porque el rey Fernando, nuestro señor, así lo ha dispuesto –respondió con voz apagada el caballero.

Paula no podía creer lo que acababa de oír.

–¿Porque el rey lo ha dispuesto? –preguntó asombrada.

–Sí, eso he dicho –respondió el caballero con sus tristes ojos aún clavados en el suelo.

Paula no pudo contenerse:

–¿Pero quién se ha creído que es ese rey Fernando para ir disponiendo de la vida de la gente?

El caballero se volvió sobresaltado hacia ella.

–¿Cómo te atreves a pronunciar tales palabras? ¿Olvidas acaso que el rey es dueño tanto de nuestras casas y de nuestros bienes como de nuestras vidas y de nuestros sentimientos...?

–¿De nuestras casas, de nuestras vidas y de nuestros sentimientos? Vamos, hombre... ¿Pero en qué país vivimos? –gritó Paula mirando al caballero con ojos que despedían fuego.

–Vivimos en Castilla, justo en el año de 1226 –dijo el anciano interrumpiendo a Paula; luego se dirigió al sorprendido don Álvaro–: Entended, señor, que esta niña tiene pocos años y, además, no conoce las costumbres de la corte. Seguramente no ha oído nunca el nombre de nuestro buen rey don Fernando. Siempre ha vivido en el campo, ya sabéis lo despobladas que están estas tierras todavía: vacas, ovejas, pájaros... Esas son las voces que ella escucha.

–Y tú recuerda, mi buena niña, que las costumbres no son las mismas en todas partes ni en todos los tiempos...

«Siempre ha vivido en el campo...». Eso creía haberlo oído otras veces, sí, en alguna aventura anterior... En cualquier caso, tenía que ser prudente...

Paula se fue calmando poco a poco. También se fue calmando el caballero. Durante un corto espacio de tiempo, permanecieron todos en silencio.

–¿Es que ese rey os odia? –preguntó Paula por fin.

Don Álvaro volvió a sorprenderse.

–¡Oh, no...! ¡El rey es mi protector, el mejor de los amigos! –exclamó.

–Entonces, yo no entiendo nada...

Don Álvaro comenzaba a perder la paciencia. Aquella niña le parecía demasiado boba, aunque se hubiera criado en el campo.

–Paula, el rey don Fernando no sabe que don Álvaro y doña Guiomar se aman. Recuerda que es un secreto –explicó el anciano, y enseguida añadió–: Además, la costumbre de estos reinos y de estos tiempos es que los hijos se casen con las damas o los caballeros que sus padres elijan para ellos.

Los ojos de Paula nuevamente se encendieron; iba a decir algo, pero el caballero se le adelantó:

–Yo no tengo padres, y el rey don Fernando me ha hecho el inmenso honor de elegir esposa para mí. Don Fernando me ha dicho que ella es joven, noble y muy hermosa. Debería sentirme afortunado, y lo sería si no fuera... –la voz del caballero se había ido apagando poco a poco, hasta llegar a ser apenas un murmullo–, si no fuera porque mi única dicha es el amor de doña Guiomar.

El caballero volvió a callar y de nuevo ocultó el rostro entre sus manos.

–Ahora ella y yo debemos olvidarnos; pero los dos sabemos que no podremos hacerlo –continuó diciendo sin descubrir su rostro–. Yo he de casarme con quien no quiero y ella debe casarse con quien no quiere...

–¿También ella? –preguntó Paula.

–También ella. El rey desea honrarla casándola con un joven conde de gran fortuna. ¡Un conde!... Mañana será día de fiesta en el castillo. Todos se sentirán felices mañana, menos doña Guiomar y yo, porque mañana es el día elegido por el rey para confiarnos los nombres de los que serán nuestros prometidos.

Paula volvió a escandalizarse y sus ojos relampaguearon otra vez. ¿Pero es que aún no lo sabían? ¡Qué injusticia! ¿Cómo era posible, aunque estuvieran en 1226...?

Sus indignadas palabras brotaron en cascada de sus labios, a pesar de que el anciano le hacía continuos gestos para que se callara.

–Pues si yo fuera uno de vosotros, le diría al rey que gracias por las molestias que se había tomado, pero que a mí no me hacía ninguna falta que otro me buscara pareja, que ya sabía encontrarla yo sola.

Otra vez el caballero contempló a Paula asombrado, y después también miró al anciano:

–¿De dónde la habéis sacado? –preguntó.

–De los montes, ya os lo he dicho...

–Lo he oído, pero no podía imaginar que fuera tan ignorante y al mismo tiempo tan osada y tan bravía. Parece una fierecilla sin domar...

El fuego de los ojos de Paula se encendió de nuevo, peligrosamente; pero el caballero se dirigió a ella:

–Lo que tú no sabes es que, además del respeto y obediencia que, como todos, debo al rey mi señor, aún hay otro motivo para que sus deseos sean sagrados para mí, y es el agradecimiento. Es tanto lo que debo a él y a su buena madre, la reina doña Berenguela, que, aunque viviera cien años, nunca podría agradecérselo lo suficiente. Sin embargo, esa es otra historia, hermosa y emocionante, al menos para mí; pero también muy larga.

–Si no tenéis prisa, yo no la tengo, y creo que Paula tampoco –dijo el anciano.

–Así pues, ¿deseáis escucharla? –preguntó el caballero.

Los ojos de Paula brillaron, pero esta vez fue de curiosidad.

–¡Por favor...! –rogó, con tal impaciencia que el caballero sonrió y sus ojos tristes se animaron.

Entonces Paula cayó en la cuenta de que realmente tenía un rostro muy agradable: sus ojos eran oscuros y profundos, y sus dientes, blanquísimos, iluminaban su piel morena como la luna ilumina la noche.

## 3 *Comienza la historia del caballero*

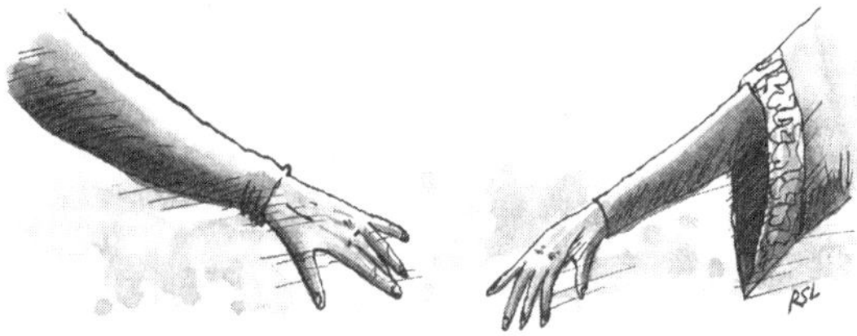

De repente, el caballero desapareció y Paula volvió a estar a solas con el Guardián del Tiempo.

Su asombro y su desilusión fueron tan grandes que el anciano la miró divertido.

–¿Pero dónde ha ido? Esta aventura no puede acabar todavía. Yo quería saber su historia, y él dijo que iba a contármela –protestó la niña.

El Guardián del Tiempo, sin responder a su pregunta, susurró pensativamente, como si hablara consigo mismo:

–Aquella fue una hermosa historia, muy hermosa, y lo más hermoso de ella fue su comienzo... ¿No preferirías comprobarlo por ti misma? –preguntó de pronto.

Paula movió la cabeza sin acabar de entender, y entonces él añadió:

–Es decir, ¿no preferirías vivirla?

–¿Vivirla? ¿Qué quiere decir vivirla? –preguntó ella, desconcertada.

–Sencillamente eso: vivirla –recalcó el anciano.

–¿Pero cómo voy a vivirla? Esa historia ya ha pasado, según creo; estamos en 1226 –dijo Paula.

El anciano sonrió.

–Soy el Guardián del Tiempo, pequeña, y si puedo hacer que retroceda varios siglos para ti, no me será muy difícil hacer que corra de nuevo hacia atrás, y solo unos pocos años.

Paula bajó la cabeza, avergonzada, pero la levantó rápidamente cuando oyó que el anciano añadía:

–Aunque esta vez no solo será el tiempo lo que cambie.

«¿Qué más puede cambiar?», preguntaron los ojos brillantes de la niña.

–¡El espacio! –respondió el Guardián del Tiempo–. Si tú quieres, dentro de unos momentos te hallarás en el año 1214, y en cierto lugar de Palencia, en un pueblo llamado Carrión de los Condes. En las orillas de un río que también se llama Carrión te encontrarás con nuestro caballero cuando él tenía, aproximadamente, doce años.

Los ojos de Paula ardieron de entusiasmo: ¡iba a viajar a otro lugar! Aquella era una nueva y emocionante aventura que nunca antes había vivido.

–¿Estás dispuesta? –preguntó el anciano.

–¡Por supuesto! –exclamó la niña sin una sola duda.

–Entonces, prepárate –dijo él–, pero ten presente que tendrás que arreglártelas sola, puesto que yo no iré contigo. Y no olvides que estás en la Edad Media, y que cada época tiene sus costumbres.

Unos segundos después, la niña se hallaba en un lugar que no conocía, a orillas de un río, entre árboles frondosos que no eran ni encinas ni pinos, justo a los pies de un gran castillo, mucho más grande que aquel otro que se extendía ante su refugio.

Durante unos momentos se preguntó, desconcertada, qué hacía allí y de qué forma había llegado. Pero enseguida recordó las palabras del

Guardián del Tiempo: «Si tú quieres, dentro de unos momentos te hallarás en el año 1214, y en cierto lugar de Palencia, en un pueblo llamado Carrión de los Condes...». Pues bien, lo había querido y allí estaba, en Carrión... Pero ¿y el caballero? Había ido en su busca, a ser testigo del comienzo de una hermosa historia... ¿Dónde estaba? No conseguía verlo. En el bosque, cerca del río, solamente había un niño...

Se acercó de puntillas y, oculta tras un tronco, lo observó sin que él la viera. Era un niño muy raro, que vestía como si fuera el pastor de un nacimiento, y tenía la piel tan morena como si hubiese pasado tres meses en la playa...

La verdad es que no se esperaba que el caballero hubiera sido así de niño... ¿Y qué estaba haciendo?

Caminaba lentamente junto al agua y mantenía una rama sobre la frente...

Paula contó veinte pasos sin que se le cayera. Aquello parecía divertido. Seguro que ella también lo hacía.

No tardó en comprobarlo: buscó una rama, lo intentó y lo consiguió. Andando despacio, con la rama sobre la frente, comenzó a marchar hacia el chico. Este, como estaba concentrado manteniendo la suya en equilibrio, no la vio hasta que no estuvieron a tres o cuatro pasos.

Durante unos instantes la miró, sorprendido, y su rama cayó al suelo. Pero Paula siguió andando con la cabeza erguida, sin que la suya se viniera abajo.

Entonces el niño, sin decir nada, corrió hacia una especie de mochila que había bajo un árbol y regresó enseguida con tres manzanas grandes, brillantes y coloradas... Y, también sin hablar, se plantó delante de Paula y comenzó a lanzarlas al aire. Deprisa, muy deprisa, las echaba a lo alto, y deprisa, muy deprisa, las recogía.

Paula lo miró atentamente hasta que él puso fin a aquel juego de subidas y bajadas de manzanas y se las pasó con una mirada que parecía decir: «¡Anda, hazlo tú!».

Ella las echó al aire nuevamente, y otra vez las manzanas subieron y bajaron, deprisa, cada vez más deprisa, hasta que él, convencido de su habilidad, quiso hacer una nueva demostración: dando un salto, alcanzó la rama de uno de los árboles y, colgándose de ella, llegó hasta una nueva rama. Después saltó a otra y a otra, hasta que, pendiendo de la última, se balanceó con fuerza como si estuviera en un trapecio.

A Paula no le costó casi nada hacer exactamente lo mismo. Tampoco, a pesar de su falda, le pareció muy difícil dar vueltas de campana, una tras otra.

Pero de pronto el niño, riendo, comenzó a marchar sobre sus manos, cabeza abajo.

–Si no tuviera esto, yo también lo haría –exclamó Paula maldiciendo por lo bajo aquel estrecho y largo traje medieval en el que estaba aprisionada.

El niño, sin dejar de reír, dijo:

–¡Lo creo...!

Paula entendió que lo decía sinceramente, y entonces advirtió que tenía un agradable rostro de ojos oscuros y profundos, y que sus dientes, blanquísimos, iluminaban su piel morena como la luna ilumina la noche.

–¿Cómo te llamas? –le preguntó.

–Me llamo Álvaro, Álvaro de Aldanza –respondió.

Paula tuvo la seguridad de que no se había equivocado y de que aquel era el niño que había ido a buscar a través del tiempo y el espacio.

–¿Y por qué vistes de ese modo? Porque tú no eres pastor.

–No, no soy pastor, ni mozo de hacer recados, ni criado de hombre viejo... Pero he hecho de todo para ganarme la vida. Y en cuanto a estas ropas... Las mías se hicieron pedazos, y el último de mis amos, que tenía un rebaño de cerdos y ovejas, me las dio, y a mí me parecieron de perlas...

–¿Y tus padres? ¿Dónde están tus padres? –preguntó Paula.

El niño tardó en responder y, cuando lo hizo, sus palabras sonaron muy tristes:

–Mis padres murieron terminando el invierno, de unas fiebres que corrían por tierras de Cuenca.

Antes de eso, los campos, que eran nuestros desde hacía mucho tiempo, fueron vendidos a causa de las malas cosechas –comenzó a decir.

Paula sintió una profunda compasión hacia él. No quería pensar en lo que sería de ella si primero perdiera la finca en la que estaba su casa y después murieran sus padres. «¡Dios mío...!». Un hondo y largo estremecimiento sacudió su cuerpo y horrorizó su mente. Pero el chico siguió hablando:

–No había en la villa en la que nací ningún pariente que me brindara ayuda y cariño. En cuanto a los vecinos, bastante tenían con alimentar y querer a sus propios hijos. El caso fue que, de la noche a la mañana, me vi solo en el mundo y más pobre que las ratas. ¿Y qué podía hacer yo entonces? Pues, al principio, llorar y compadecerme de mí mismo; pero muy pronto comprendí que tal cosa de nada servía. De modo que cerré mi vieja y querida casa y me puse en marcha hacia Galicia, donde tenía oído que vivía el hermano mayor de mi padre.

»Sería demasiado largo de explicar lo mucho que padecí en el camino de ida, sobre todo durante las oscuras noches, muchas de las cuales las pasaba en vela, escondido y abrazado a mí mismo. A veces oía los aullidos de los lobos, y otras veces me parecía oírlos; de todas formas, el miedo era el mismo. Pero en cuanto salía el sol, recuperaba el ánimo y, poniéndome en pie de un salto, pensaba: «Vamos, Álvaro, que hoy es otro día y, por tanto, debe de quedar menos trecho que ayer para llegar a Galicia».

»Pero Galicia estaba más lejos de lo que creí y era más grande de lo que imaginaba. El caso fue que, por más que busqué y pregunté a unos y a otros, no conseguí encontrar a aquel tío que, según había pensado, iba a recibirme con los brazos abiertos.

»En la hermosa Galicia perdí por completo los ánimos y otra vez lloré, aunque por poco tiempo. «Álvaro», me dije a mí mismo, «da la vuelta y regresa a tierras de Cuenca, que para buscarte la vida aquí lo mismo te la buscas allí, o quizás mejor, porque en Cuenca al menos tienes una casa que te protege de lluvias y peligros, y no te lamentes por haber caminado tanto y tan inútilmente, porque si no lo hubieras hecho, no sabrías lo ancha y hermosa que es la mar». Yo nunca había visto el mar. Lo descubrí de pronto: un día trepé a un montículo y allí estaba, a mis pies. Era inmenso y azul, iba y venía, siempre estaba moviéndose... Lo contemplé durante horas y, escuchando el sonido de las olas al chocar contra las rocas, por algún tiempo olvidé todas mis penas.

»Llevando la imagen del mar conmigo, me puse de nuevo en marcha; pero ya sin prisas, porque en Cuenca no me espera nadie; ni en Cuenca ni en ninguna otra parte, de manera que me decidí a ver algo de mundo antes de regresar a casa.

»Y el camino de vuelta no está siendo tan duro como el de ida, principalmente porque mis muchos miedos han menguado. «Si llegaste sano a Galicia, ¿por qué no has de regresar sano a Cuenca? Y en el miedo, ni pienses, porque si tú no te acuerdas de él, quizás él no se acuerde de ti». Estas son las cosas que me digo a mí mismo, y he de reconocer que no están muy mal dichas, porque el miedo y la tristeza hacen que las cosas luminosas se vuelvan oscuras, y las oscuras, completamente negras.

»Y a la vuelta he tenido que trabajar para ganarme la vida, porque los poquillos dineros que tenía ya se han agotado. Pero esto no me ha hecho ningún daño; muy al contrario, ha aumentado la confianza que tenía en mí mismo. Así, como te he dicho, fui mozo de hacer recados en una posada, pastor de cerdos y ovejas, criado de un hombre viejo y caprichoso... En fin, oficios duros todos; pero no estuve en ninguno de ellos demasiado tiempo, porque lo que yo quería, y quiero, es ver mundo y regresar a Cuenca.

»Y aquí me tienes, comenzando el verano, en este lugar de Palencia que, según me dijeron, se llama Carrión. Aún me queda algo de dinero, de modo que he decidido holgazanear un poco antes de buscar trabajo. Lo que más deseo ahora es convertirme en uno de esos artistas ambulantes que van de pueblo en pueblo dando enormes saltos, doblando el cuerpo y haciendo extraños equilibrios.

»¿Y tú? ¿Qué quieres hacer tú? ¿De dónde vienes? ¿Dónde están tus padres? –preguntó después Álvaro, mirando a Paula con interés.

Ella no respondió enseguida, por lo que él interpretó el silencio a su manera.

–¿También estás sola? –preguntó mirándola con ojos compasivos.

Paula, tras un momento de duda, asintió con la cabeza pensando que, en aquel mundo en el que ahora se hallaba, no tenía absolutamente a nadie.

–¿Naciste en estas tierras? –preguntó luego Álvaro.

–Nací en tierras de Toledo.

–Toledo está lejos... ¿Cómo te has ganado la vida hasta llegar aquí?

Paula clavó los ojos en el suelo mientras buscaba una respuesta, y de nuevo fue Álvaro el que pensó por ella.

–Pobre... Como te vieron tan débil y delgada, nadie te dio trabajo... Mendigaste por eso; pero no te avergüences, que el que pide por el amor de Dios lo que a otros les sobra no labra su deshonra.

La cabeza de Paula se estaba convirtiendo en algo parecido a una jaula de grillos. ¿Delgada?... ¿Débil?... ¿Mendigar?... ¿Qué decía aquel bobo?

Sus ojos, entre pardos y verdes, comenzaban a brillar peligrosamente cuando escuchó la generosa oferta:

–Si quieres, de ahora en adelante podemos marchar juntos. Diremos que somos huérfanos y hermanos y buscamos trabajo... Seguro que así te lo darán. Luego llegaremos a Cuenca, y allí ya se verá... Por lo menos tendrás un techo bajo el que cobijarte, pues en mi casa podrás estar todo el tiempo que quieras. Te la ofrezco de todo corazón.

Por fin Paula levantó la mirada del suelo. Sus ojos, ahora mansos, se clavaron en los de Álvaro:

–Te lo agradezco –susurró emocionada, y enseguida añadió–: Pero no, no voy a ir a Cuenca.

–¿Adónde irás entonces?

Paula dudó un momento, y luego respondió alegremente:

–Allí adonde el viento me lleve.

–Muy bien –rio Álvaro–, y hasta que el viento sople, seremos como hermanos y juntos buscaremos trabajo... Pero antes, ¡yo quiero divertirme...!

–¡Y yo! –exclamó Paula.

Y sin necesidad de ponerse de acuerdo, cogió cada uno su rama y volvieron a caminar, lenta y cuidadosamente, con ella sobre la frente, sin mover un músculo... Y cuando las ramas cayeron al fin, las dos casi al mismo tiempo, hicieron algo todavía más difícil, pues tomaron una de ellas y marcharon sosteniéndola entre los dos. Uno de sus extremos se apoyaba en la frente de ella y el otro en la frente de él.

Así la mantuvieron hasta contar sesenta... Y no se les cayó: la dejaron caer...

Entonces oyeron los aplausos. Tan atentos como estaban a lo que hacían, no habían visto al niño rubio y pálido que ahora sonreía aplaudiendo.

–Hacedlo de nuevo –pidió con los ojos brillantes.

Lo hicieron de nuevo y luego caminaron hacia atrás, apoyándose sobre las palmas de las manos y las plantas de los pies, para lo que Paula tuvo que remangarse un poco el vestido. Después se colgaron de una rama y se balancearon muy deprisa, como si fueran campanas.

El niño aplaudía con entusiasmo, lo que los llenaba de satisfacción porque era la primera vez que tenían público, y este no podía ser mejor.

Cuando se cansaron, se dejaron caer sobre la hierba y el niño rubio corrió junto a ellos.

Durante unos segundos se observaron en silencio. Paula y Álvaro pensaban que debía de ser de familia rica, porque sus ropas eran abrigadas, finas y nuevas. También pensaron que su sonrisa y sus ojos eran amables.

Fue Álvaro el primero en romper el silencio:

–Tengo casi doce años y me llamo Álvaro, Álvaro de Aldanza. Mi casa está en tierras de Cuenca, pero ahora vuelvo de Galicia. Ella se llama Paula, también tiene casi doce años y es mi hermana.

–¿Tu hermana melliza? –preguntó el niño, y como Álvaro moviera la cabeza para decir que sí, los miró atentamente–. No os parecéis mucho –señaló, y enseguida añadió–: Yo también tengo once años. Me llamo Enrique y mi casa está en Burgos; pero ahora vivo en el castillo del conde de Lara –explicó volviendo la vista hacia la gran construcción que se alzaba a sus espaldas.

–¿Vives en el castillo? –preguntó Paula.

–Sí, vivo en el castillo, pero a veces me escapo –dijo Enrique bajando la voz–. Me aburro mucho, ¿sabéis? No sé qué hacer después de las lecciones. Nunca me dejan jugar con los niños que yo quiero, sino con los que quiere el conde.

–¿Y cómo te escapas? –preguntó Álvaro contemplando las altas murallas y la enorme puerta que estaba al otro lado del puente levadizo. Además, en todas partes había soldados de guardia.

–Me oculto en el carro del heno... El carro del heno entra y sale varias veces al día con comida para los caballos. Hay muchísimos en las cuadras, ¿sabéis?

Paula y Álvaro rieron. ¡En el carro del heno! Era una buena idea...

–¿Eres pariente del conde de Lara? –preguntó luego Álvaro.

–¡No...! –exclamó Enrique como si la sola idea le desagradara.

–Entonces, ¿tus padres son amigos del conde?

–Yo no tengo padres –respondió el niño bajando tristemente la cabeza.

–Tampoco nosotros –susurró Álvaro bajando la suya.

Paula también inclinó la mirada apresuradamente, pues se suponía que si Álvaro no tenía padres, ella tampoco.

–¿Queréis que juguemos a algo? –preguntó Enrique tratando de sacudirse la tristeza–. El carro del heno no tardará en volver y no me atrevo a estar mucho tiempo fuera del castillo.

–¿A qué jugamos? –preguntaron inmediatamente Paula y Álvaro.

–Elegid vosotros.

–Elijo jugar a reyes –exclamó Álvaro–. Tú eres un rey y yo soy otro, y esta es mi esposa.

Somos enemigos y nuestros reinos están en guerra –dijo cogiendo una rama del suelo para que fuera su espada.

–¡Eh!, un momento, que yo no soy la mujer de nadie; yo soy otra reina, una reina sin marido, y tengo mi propio reino –protestó Paula buscando su propia espada.

–Bueno, tú eres otra reina. Somos tres reyes enemigos y estamos en guerra.

–Yo no quiero jugar a ser rey, ni tampoco a estar en guerra –susurró Enrique.

–Pues entonces yo soy rey. Tú eres mi súbdito y te mando cosas. Pero eres un súbdito muy pobre, uno de esos a quienes llaman villanos.

–¿Y yo qué? ¿Dónde está mi súbdito? –preguntó Paula.

Enrique y Álvaro miraron a su alrededor. Y como no vieron ningún otro posible súbdito, se encogieron de hombros.

–Pues entonces no soy reina, soy otra súbdita –dijo alegremente Paula, que no estaba segura de lo que era un súbdito.

–Muy bien... Entonces yo soy rey y vosotros sois mi súbdito y mi súbdita, villanos –concluyó Álvaro.

–De acuerdo, pero ¿qué tenemos que hacer? ¿Qué hacen los villanos? –preguntó Paula.

Álvaro la miró asombrado, y ella se dio cuenta de que acababa de meter la pata, y de que el Guardián del Tiempo no estaba allí para sacarla del apuro.

–Digo exactamente; es que quiero que el juego sea perfecto, como si fuera de verdad –añadió enrojeciendo.

–Pues hacen lo de siempre, Paula –le respondió Álvaro, y ella enrojeció aún más.

Y de repente, Enrique dijo:

–Tampoco sé yo exactamente qué hacen los villanos.

Álvaro no lo podía entender; pero recordó que nunca le dejaban salir del castillo, y seguro que por eso no sabía nada de villanos.

–Los villanos trabajan el día entero. Aran la tierra, cuidan de los cerdos y de las ovejas, ordeñan las vacas... Pero cuando más trabajan es cuando llega la hora de recolectar, porque primero tienen que recoger las cosechas de los señores y después las suyas –explicó.

–¿Y por qué recogen las cosechas de los señores antes que las suyas? –preguntó Enrique.

–Porque si hay tormentas, las cosechas que no están recogidas se estropean. En verano hay bastantes tormentas, y los señores quieren que se recojan lo más pronto posible su trigo y su cebada, para que, si llueve mucho, sean el trigo y la cebada de los villanos los que se estropeen, en lugar de los suyos.

–¡No me parece justo! –estalló Paula.

–¡Ni a mí! –exclamó Enrique.

–Ni a mí tampoco, pero así son las cosas.

–¿Y qué más hacen los villanos? –preguntó Enrique con aire pensativo.

–Cortan leña. La mejor y más gruesa es para las cocinas y chimeneas de los señores; la menuda, para sus propias cocinas y chimeneas.

–Pues tampoco me parece justo.

–Ni a mí –dijo Paula.

–Ni a mí; sin embargo, ya os he dicho que así son las cosas –respondió Álvaro.

–¿Todas? –preguntó Enrique.

–Casi todas... Pero ¿por qué no comenzamos ya a jugar? Has dicho que el carro del heno regresará pronto –comentó.

–Sí, empecemos a jugar. Ahora ya sabemos lo que hacen los villanos –dijo por último Enrique.

# 4 *Jugando a ser rey*

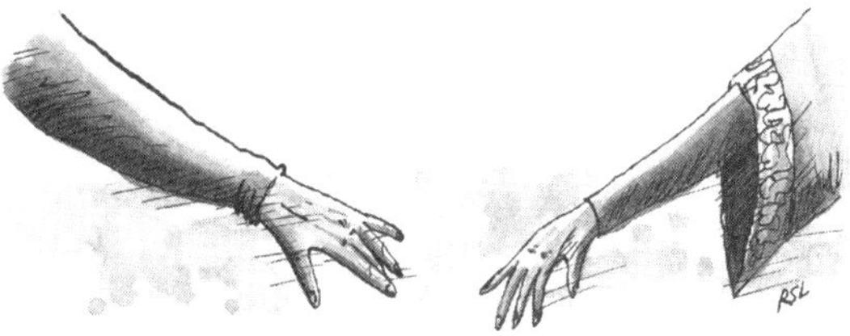

Como Álvaro era el rey, fingió que colocaba una corona sobre su cabeza, y luego, mirando a su alrededor, extendió los brazos y exclamó:

–¡Todo esto me pertenece: los campos, las casas, el río y también los montes!

–¡Sí, todo esto os pertenece, señor! –dijo Enrique, y se inclinó profundamente ante él.

Paula también se inclinó, pero lo hizo con desgana.

–Y como soy rey, puedo dar órdenes a señores y villanos, y todos deben obedecerme –añadió Álvaro.

–Tenéis razón, mi rey. Mandadme, que yo os obedeceré –dijo Enrique con respeto.

–Villano, ve y corta leña para calentar el salón del trono –ordenó Álvaro con voz severa y profunda, tan profunda como pensaba que debían de ser las voces de los reyes.

Enrique obedeció al instante y, aproximándose a un árbol, hizo como si cortara leña, poniendo caras y gestos de estar realizando el mayor de los esfuerzos.

A Paula no le gustaba demasiado aquel juego, así que se apoyó en un árbol y fingió que dormía.

–¿Estás cansado, villano? –preguntó Álvaro al cabo de cierto tiempo.

–Un poco, mi señor –respondió Enrique.

–Déjalo entonces –dijo Álvaro procurando que su voz pareciera amable pero sin dejar de ser severa, porque pensaba que siempre eran así las voces de los reyes.

Entonces Enrique hizo como si cargara leña sobre sus hombros y se aproximó a él.

–Aquí tenéis vuestra leña. ¿Adónde queréis que la lleve?

–Déjala allí, en mi castillo; pero escucha, villano: quédate con la mitad y así podrás calentar tu casa y encender tu cocina. La otra mitad dásela a esa villana cansada.

Enrique miró asombrado a Álvaro, interrumpió el juego durante un momento y preguntó:

–¿Pero no decías que los villanos debían quedarse con la leña peor y más menuda?

–Sí, pero eso es una injusticia y yo soy un rey justo –explicó Álvaro.

Enrique sonrió y luego hizo como que dividía la leña en dos mitades.

Paula hizo como que se despertaba y aceptó su mitad sonriendo.

–Ahora, villano, acércate al río y pesca algo para la cena –dijo Álvaro.

Enrique corrió hacia el río, se tumbó en la orilla y metió las manos en el agua. Los peces saltaban entre sus dedos y él reía gozoso tratando de alcanzarlos. Como estaban en un vado, los peces eran tantos que el agua brillaba con alegres reflejos de escamas plateadas. A pesar de ello, no conseguía pescar nada, de modo que Álvaro se quitó el gorro de pastor que llevaba y se lo ofreció. Él lo echó al agua a manera de red, con tan buena fortuna que consiguió dos peces a la primera. Eran grandes y plateados.

Enrique se alzó con ellos en la mano, y tan orgulloso estaba que otra vez se olvidó del juego y los agitó con aire de haber realizado una gran hazaña.

–Buen trabajo has hecho, villano –alabó Álvaro.

–Gracias, señor –respondió Enrique, y volvió a recuperar su humilde condición–. Tomad lo que he pescado –dijo entregándole los dos peces. Luego se arrodilló ante él y le besó las manos.

Paula lo miró desconcertada.

–A los reyes se les besan las manos con mucha frecuencia, y yo aún no se las había besado –explicó Enrique con toda naturalidad, todavía de rodillas.

En aquel momento, con los dos peces de plata colgando de los dedos y Enrique a sus pies, Álvaro se sentía un verdadero rey. Enrique también parecía un villano auténtico, aunque bastante feliz.

En cuanto a Paula, parecía una villana asombrada. «Besar las manos al rey... ¿Dónde se ha visto esto?», pensaba.

Como Álvaro seguía siendo un rey justo y deseaba que sus villanos fueran felices, decidió entregar uno de sus peces a Enrique y el otro a Paula. Se disponía a hacerlo cuando oyeron voces y vieron

que algunas personas bajaban por el camino del castillo.

Los ojos claros de Enrique se oscurecieron de pronto y, sin perder un minuto, comenzó a correr para ir a ocultarse entre los matorrales.

Paula lo siguió inmediatamente, pero Álvaro permaneció en la orilla, inquietándose por Enrique, pensando en los muchos azotes que le darían si llegaban a descubrirlo. Mas debió inquietarse también por él mismo, porque la gente del conde de Lara lo encontró con las manos en la masa, es decir, con los peces entre los dedos, y lo condujo al castillo entre insultos y golpes, sin que sirvieran de nada sus muchas protestas.

–¡Calla la boca, osado ladronzuelo! ¡Ahora tendrás lo que mereces! Te van a costar caros estos dos peces de los que te has apoderado en los vados del conde –le gritaban.

¡En los vados del conde! Solo al oír estas palabras cayó en la cuenta del enorme apuro en el que se hallaba; porque, como todo el mundo sabía, cazar en los montes de los señores y pescar en sus vados eran faltas de mucha gravedad. Y, para colmo, aquella gente no paraba de gritarle:

–¿Dónde está tu compañero? Porque al menos erais dos: oímos vuestras voces. Dinos dónde se ha escondido o te arrancaremos las orejas.

También Álvaro se preguntaba dónde se habría metido Enrique, aunque de ninguna manera pensaba decirlo. Lo que deseaba era que consiguiera ocultarse en el carro de heno y llegar al castillo sin ser visto. Y Paula, ¿dónde estaría? De todas formas no tenía que preocuparse por ella, pues estaba seguro de que, más o menos, sabría arreglárselas sola.

Álvaro no podía negar que estaba muy asustado pensando en el castigo que le esperaba. Se preguntaba si el conde de Lara sería un hombre bueno. Suponía que no, por el poco aprecio que le había parecido que le tenía Enrique. De todas maneras, seguramente tendría en cuenta que él era un niño, y además no había tenido la intención de robar los peces de su vado; solo jugaba. Le diría que pensaba devolverlos al agua... En cualquier caso, estaba convencido de que nadie iba a librarle de una tanda de azotes. Si al menos Enrique se libraba, se daría por contento.

–Tienes suerte, rufián: hoy es el día en el que el conde de Lara imparte su justicia. Al menos no tendrás que pasar una semana en las mazmorras, esperando encadenado a que te juzguen: te aplicarán el castigo inmediatamente –le dijo entre desagradables risas uno de los hombres que le habían apresado.

El conde de Lara se hallaba sentado en una inmensa sala de altísimos techos que tenía las paredes cubiertas con ricos tapices y grandes escudos de armas.

Cuando avanzaba hacia él, fuertemente sujeto por los hombres de su guardia, las piernas de Álvaro temblaban de tal modo que temía que fueran a quebrarse. También temblaban los peces plateados entre sus dedos. Hubiera querido arrojarlos a cualquier parte, pero no se atrevía.

A unos diez pasos del conde, sus guardianes le obligaron a postrarse de rodillas.

¡Qué pequeño, miserable y solo se sentía...! Aunque su cabeza estaba tan inclinada que casi tocaba el suelo, sabía que el conde lo miraba. También sabía que no era necesario que nadie lo acusara, puesto que el delito colgaba de sus manos.

Cuando el conde de Lara habló, no lo hizo con voz fiera y alta como había pensado; pero sus

palabras fueron pronunciadas con tanto desprecio que sintió cómo su corazón se encogía.

–¿Cómo has osado apoderarte de esos peces que solo a mí me pertenecen? ¡Nadie puede tocar lo que es mío! ¡Nadie! Únicamente el rey nuestro señor. Y tú no lo ignorabas. Porque nadie lo ignora, ¿no es cierto?

Álvaro no se atrevía a responder, ni a mover las pestañas se atrevía; pero el conde insistió, y esta vez con voz de trueno:

–¡No lo ignorabas! ¡Responde! ¡No lo ignorabas!

–No lo ignoraba, señor, pero lo había olvidado. Estaba jugando y pensaba devolverlos al agua... –consiguió decir con voz tan delgada como un hilo de seda.

Su respuesta enfureció aún más al conde.

–¿Que jugabas? ¿Que lo habías olvidado? –rugió, y Álvaro no pudo decir ninguna otra palabra; pero uno de los guardianes lo hizo por él.

–Quizás jugaba, en verdad, porque al menos había otro muchacho con él. Ha escapado, y este rufián se niega a decir hacia dónde ha ido.

La furia del conde se desbordó como se desbordan las aguas de los ríos cuando llueve en las montañas.

–¡Así que, además de un miserable ladronzuelo, también eres un encubridor...! ¿Por dónde ha huido el otro muchacho? –gritó poniéndose de pie.

Álvaro permaneció en silencio, a pesar de que el corazón amenazaba con hacerse pedazos dentro de su pecho.

El conde habló de nuevo, y lo que dijo hizo que su corazón se detuviera de golpe.

–Pues has de saber que nadie escapa a la justicia del conde de Lara. Si han sido dos los ladrones, dos deben ser los castigos; por tanto, si un rufián protege al otro, su castigo será doblado. ¿Y sabes tú cuál es el castigo que recibe el que roba en las tierras y en las aguas de un señor? Lo sabes, ¿verdad? –preguntó, y sin esperar respuesta continuó hablando–. Una mano, ese es el castigo merecido por un robo. Dos manos será, pues, el castigo merecido por dos robos. Pero si hay un solo ladrón... Lleváoslo, y que le corten las dos manos –gritó dirigiéndose a los hombres que lo custodiaban.

Todo comenzó a dar vueltas alrededor de Álvaro: el techo, las paredes, los escudos, los tapices, los guardianes, él mismo...

–¿Y el otro muchacho? ¿Cómo se llama? ¿Dónde vive? ¿Dónde está ahora? –gritaba el conde de Lara.

–Piedad, señor... –suplicó el niño, y por primera vez miró al conde. Sus ojos herían como espadas.

Quizás el conde no hubiera ejecutado su terrible justicia, puesto que Álvaro era solo un niño; pero este lo creía firmemente.

–¡Piedad! –suplicó entre lágrimas.

–La tendré si me dices quién era y dónde está ahora el otro muchacho –dijo el conde sin dulcificar su voz.

Una lucha terrible se desató entonces en el pecho de Álvaro: perder las dos manos era algo terrible, y aún más estando solo en el mundo... Pero ¿delatar a otro niño, a un compañero de juegos, a alguien que tampoco tenía padres?

# 5 *Enrique*

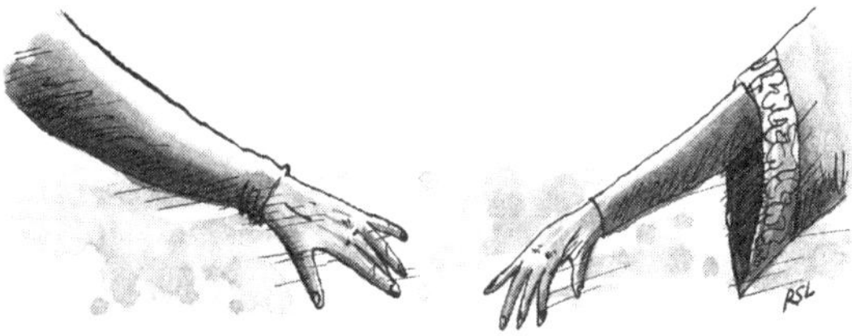

–AQUÍ lo tenéis, conde, yo soy el otro muchacho –oyó Álvaro que alguien decía, y de pronto su angustia se convirtió en asombro.

¿Enrique...? Sí, era Enrique, y su voz sonaba tan temblorosa y asustada como antes había sonado la suya.

«¡Estás loco, Enrique! Ahora te arrancarán la piel a tiras», pensó mientras su alma se inundaba de admiración y agradecimiento.

Como continuaba inclinado ante el conde, no sabía qué era lo que sucedía detrás de él; pero le extrañaba el profundo silencio que había sucedido a las palabras de su nuevo amigo. ¿Cómo era que el conde de Lara no daba rienda suelta a su imponente ira? ¿Y por qué nadie se movía?

Alzó la vista con mucho cuidado y mayor disimulo, y sus ojos se toparon con la cara pálida y asombrada del conde de Lara.

Fue Enrique el que rompió aquel extraño y hondísimo silencio:

–Sí, conde, era yo quien estaba con este muchacho. He sido yo y no él quien ha cogido los peces de vuestro vado... Me he escapado del castillo en el carro del heno porque deseaba estar a solas; pero he tenido la suerte de encontrar a Álvaro, y hemos jugado a los buenos reyes y a los villanos. Ha sido un juego de mucho divertimento, ¡el mejor de los que he jugado en toda mi vida! Él era el rey y yo el villano, yo y...

La voz de Enrique había ido calmándose poco a poco hasta llegar a parecer tranquila y segura.

«¿Estará loco este niño?», se preguntó Álvaro sorprendido. Pero había otra cosa que aún le sorprendía más: ¡la furia del conde seguía sin estallar!

Cuando al fin habló, en su voz se adivinaba la ira, pero también los esfuerzos que hacía para contenerla.

–No deberíais haber salido del castillo sin compañía. Ya sabéis los muchos enemigos que

RSL

tenéis y los muchos que yo tengo, precisamente por ser vuestro tutor. Prometedme que no volveréis a salir solo. Os recuerdo que soy el encargado de vuestra educación y custodia.

–Os prometo que no saldré solo del castillo nunca más –dijo Enrique sin vacilar, y enseguida añadió–: Pero si vos me prometéis que dejaréis libre a este niño...

El conde de Lara no respondió durante unos instantes, en los que el corazón de Álvaro pareció volverse loco.

–¡Vete! –gritó por fin el conde, y toda su ira contenida estalló al dirigirse al niño.

Las temblorosas piernas de Álvaro hicieron lo posible por emprender rápidamente la huida. Estaba a punto de conseguirlo cuando oyó la voz de Enrique.

–Espera un momento, Álvaro –pidió llegando hasta él, y poniéndole una mano en el hombro, le suplicó–: ¡Quédate conmigo!

Álvaro, que había comenzado a moverse, volvió a quedarse paralizado: no sabía qué responder... Por nada del mundo quería vivir en el castillo del fiero conde, pero su amigo Enrique se lo estaba pidiendo con tanto sentimiento...

–Me aburro tanto, Álvaro... Los niños con los que vivo, con los que estudio y con los que juego no son mis amigos... Ellos me tratan como si fuera un niño distinto –siguió diciendo.

Álvaro comenzaba a dudar cuando oyó la voz del conde de Lara, que hablaba con palabras secas y firmes:

–Don Enrique, un rey no es un niño cualquiera y, por tanto, no puede jugar y vivir con cualquier niño. Entendedlo, mi señor.

El asombro que Álvaro sintió fue como un golpe en pleno rostro. Otra vez todo volvió a dar vueltas a su alrededor y los dos peces cayeron de sus manos sin que él hiciera nada para recogerlos. ¿Un rey...? ¿Mi señor...? ¿Don Enrique...? Eso había dicho el conde... Entonces, aquel niño con el que había jugado, y al que había ordenado coger leña, ¡era el rey de Castilla! ¡El rey niño, don Enrique I!

–¡Álvaro no es cualquier niño! Es valeroso y leal, y no me ha delatado aunque vos amenazabais con cortarle las dos manos –protestó el rey.

–Pero, señor, los reyes y los hijos de los reyes solo juegan con los hijos de las más nobles familias, y este muchacho es hijo de villanos, y de los más zafios. Mirad sus ropas... No dudo de que sea valeroso, pero hay muchos rufianes que lo son. Además, no sabemos quiénes son sus padres ni dónde están ahora, porque, según parece, marcha solo; quizás se hallen presos y con cadenas en alguna oscura mazmorra...

Al oír hablar así de sus buenos y amados padres, Álvaro alzó airado la cabeza y su lengua se soltó sin que él pensara si lo que decía era o no prudente.

–Para mi desdicha, yo sé bien dónde están mis padres: ambos murieron y ahora descansan bajo el duro manto de la tierra; y para que lo sepáis, no eran villanos, aunque muy buenos amigos tenían entre ellos. Los dos tuvieron nobles padres; pero, por no ser primogénitos, no disfrutaron nunca de títulos ni de grandes fortunas, y la poquilla que tenían la fueron perdiendo en malas cosechas.

Los ojos del conde de Lara relampaguearon de ira.

–¿Quién eres tú, miserable gusano, para hablar sin que se te pregunte? –gritó furioso.

–Es mi amigo, conde –exclamó el rey niño con mucha alegría.

–Señor, no sabemos si lo que dice es cierto. Cualquiera puede mentir sobre la nobleza de sus padres, sobre todo si estos han muerto –dijo el conde.

–Yo sé que él no miente –exclamó Enrique, y miró a los ojos de Álvaro. Este, agradecido, sostuvo su mirada; luego se dirigió al conde y le dijo unas palabras sorprendentes:

–Nadie puede olvidar aquella gloriosa batalla de las Navas de Tolosa, en la que todos los reinos de España, menos el de León, se unieron para luchar contra los ejércitos moros que de nuevo los atacaban. Nadie, ni siquiera los niños, puede olvidarla; pero vos menos que nadie, conde, porque en ella estuvisteis muy próximo a perder la vida.

Al llegar a este punto, se detuvo un momento y observó que en los ojos del conde había asombro, y palidez en sus mejillas.

–Entonces alguien puso su vida en peligro para salvar la vuestra –continuó diciendo–. Recordaréis, sin duda, que el caballo en el que montabais fue herido y os arrastró en su caída. Perdisteis entonces las armas y quedasteis a merced de las del enemigo. Vuestro escudero no pudo ayudaros, ni siquiera advirtió el peligro que os amenazaba, porque él luchaba con tres guerreros a la vez; pero otro caballero sí lo hizo, un caballero no tan importante como vos, pero sí tan valiente. Ese caballero os cedió su caballo y os entregó su lanza mientras él continuaba la lucha a pie. ¿Os acordáis, conde? Se llamaba Rodrigo de Aldanza y era mi padre.

El conde de Lara recordaba: Álvaro lo leía en sus ojos. Además, ¿cómo puede olvidarse un hecho semejante? Sin embargo, no dijo una sola palabra. Quien sí habló, y con mucho entusiasmo, fue el rey niño:

–Fue una hazaña magnífica. Tienes que estar muy orgulloso de tu padre, Álvaro; también yo

lo estoy del mío, y procuraré ser digno hijo suyo –exclamó dirigiéndose a él con palabras emocionadas; luego habló al conde de Lara–: ¿Lo veis, conde? Álvaro no mentía; desde este momento será mi paje, vendrá conmigo adonde yo vaya y siempre estará a mi lado. ¿Quieres, Álvaro? –le preguntó ansioso, ¿y qué otra cosa podía hacer Álvaro sino responder afirmativamente?

Entonces, el rey continuó hablando:

–Luego serás mi escudero, y más tarde yo mismo te nombraré caballero, y cuando vayamos a la guerra, serás tú el que lleve mi estandarte, como el conde de Lara llevaba el de mi padre; pero lo mejor de todo, Álvaro, lo mejor de todo es que siempre seremos amigos.

Los ojos de don Enrique brillaban de gozo. Los del conde también brillaban, aunque no por el mismo motivo.

Pero el rey niño aún no había terminado:

–Álvaro tiene una hermana, conde –continuó diciendo–. Se llama Paula y también es mi amiga. Es alegre y lista, valiente y bondadosa... Jugaba con nosotros junto al río, pero ella no tuvo que ver nada con lo de los peces... Paula está aquí. Podía haber huido, pero no quiso: insistió en venir en busca de su hermano. Ellos dos no pueden separarse y...

Al oír las palabras de Enrique, Álvaro lo miró sorprendido y sobresaltado: «Así que Paula no ha huido, así que se empeñó en buscarme... Por Dios, ¡qué chica tan leal y valiente!».

También el conde de Lara se sentía asombrado.

–¿Qué queréis decir? –preguntó al rey.

–Lo que quiero decir, lo que yo deseo, es que ella también se quede en el castillo.

–¿Que se quede? –rugió el conde, con mayor asombro aún.

Y Enrique, aunque estaba asustado, repitió:

–¡Que se quede!

–Pero, señor... Pero, don Enrique, ¿qué podría hacer esa niña en el castillo? –preguntó luego el conde, tratando de contener nuevamente su ira.

–Aprender a bordar, recibir lecciones de danza y canto... En fin, lo que hacen las otras niñas.

–Pero ellas son hijas de vuestras damas y vasallos...

–Ella también lo es, de un buen vasallo de mi padre, que luchó bravamente en la batalla de las Navas y que os salvó la vida.

Paula, que estaba allí mismo, escondida detrás de una enorme armadura, se comía los puños. ¿Quedarse en el castillo? ¿Aprender a bordar, recibir lecciones de canto y danza? Aquel niño estaba loco... Preferiría estar muerta... Le agradecía a Enrique la intención; pero no, muchas gracias, lo que ella quería era rescatar a Álvaro lo antes posible y luego regresar al refugio... Ya estaba cansada de aventuras; se decía a sí misma que si todo aquello no acababa enseguida, iba a gritar. Estuvo a punto de hacerlo cuando oyó lo que añadía el conde:

–Pero las niñas que viven en el castillo tienen a sus madres y sus ayas para que las cuiden. ¿Quién se ocuparía de esa otra niña? Lo mejor para todos es que ingrese en un convento. Yo sé de uno que...

Los ojos del rey niño se ensombrecieron un momento, pero pronto volvieron a alegrarse.

–Mi aya, sí, mi vieja y querida aya, doña Teresa. ¡Ella la cuidará! –exclamó gozoso, y, dándose la vuelta, corrió fuera del salón para volver enseguida tirando de la mano de Paula.

# 6 *Paula en uno y otro lado*

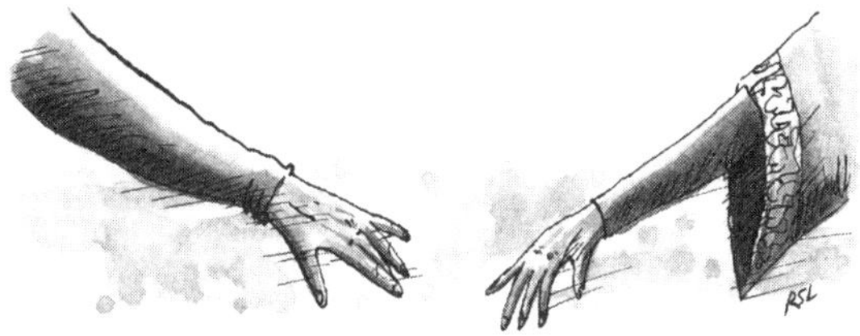

PAULA había huido junto a Enrique cuando vieron que la gente del castillo se acercaba, y no cayeron en la cuenta de que Álvaro no los seguía hasta que, ocultos entre los matorrales, oyeron las voces que lo insultaban.

–¿Qué hacemos? –preguntó Paula, temblorosa.

Y Enrique, muy agitado, respondió que no lo sabía.

Paula no pensaba abandonar a Álvaro de ninguna manera. No hacía mucho que lo conocía, pero él estaba solo y, además, le había ofrecido su compañía, su amistad y hasta su casa. Escondida detrás de los arbustos, meditaba sobre la manera de ayudarle.

De pronto vieron acercarse el carro del heno.

–No permitiré que le hagan daño –susurró Enrique, y corrió hacia él.

–¡Voy contigo! –exclamó Paula.

En la carreta, entre el heno, Enrique trató de convencerla para que escapara.

–Si no quieres, no te vayas muy lejos: quédate entre los arbustos hasta que regresemos... Lo traeré de vuelta sano y salvo, te lo prometo.

Pero él también estaba asustado, así que Paula pensó que no era buena idea dejarlo solo.

–Más ven cuatro ojos que dos, y mejor piensan dos mentes que una sola –le dijo.

Escondidos y juntos entraron en el castillo, juntos y a escondidas llegaron a la estancia que estaba ante el salón, y juntos se ocultaron detrás de las armaduras. Desde allí escucharon, horrorizados, las terribles amenazas que el conde le hacía al pobre Álvaro. Varias veces quiso salir Paula a defenderlo, y varias veces se lo impidió Enrique, diciéndole que él lo salvaría.

–¿Y a qué esperas? –le preguntó Paula, impaciente.

–Espero la mejor ocasión –le respondió él, tratando de reunir las fuerzas suficientes para

enfrentarse al conde... Cuando las encontró, pidió a Paula que permaneciera oculta todavía algún tiempo.

Detrás de la armadura, Paula escuchó la sorprendente declaración del niño que era rey.

Y ahora, allí estaba, de su mano, avanzando hacia el conde de Lara, preguntándose por qué se habría metido en semejante lío. Se sentía asombrada, y también furiosa, por lo que acababa de oír; pero también se sentía aliviada porque Álvaro ya no estaba en peligro.

Y de pronto oyó que el conde decía que sí, que ella podía quedarse en el castillo, y que estaba bien pensado eso de doña Teresa.

Luego, Enrique y Álvaro la arrastraron alegremente al enorme patio, en el que había un tremendo barullo de gente que iba y venía... De repente vieron que el carro del heno se acercaba...

–¿Ha sido interesante? –le preguntó alguien.

Paula levantó la cabeza bruscamente y sus ojos se abrieron como platos: Enrique había desaparecido, y también Álvaro, y no estaba en ningún bullicioso patio de castillo, sino en su tranquilo refugio...

–¿Ha sido interesante? –volvió a preguntar el Guardián del Tiempo.

Ella contempló con sorpresa su rostro amable y bondadoso y no respondió enseguida, pues estaba regresando lentamente, como se regresa de un sueño muy profundo, desde otro espacio y otro tiempo.

–¿Qué fue de ellos? –preguntó al fin Paula, y como el anciano tardaba en responder, añadió–: De Álvaro y Enrique.

–Álvaro está aquí mismo, dispuesto a terminar una hermosa historia de la que tú ya conoces el principio –contestó el Guardián del Tiempo.

Y allí estaba don Álvaro. Sonreía sentado en la misma roca y en la misma postura en la que ella lo dejó, al comienzo de todo, cuando el anciano le hizo aquella extraña pregunta: «¿No preferirías comprobarlo por ti misma?».

Paula, emocionada, lo miró por un momento. Reconocía sus ojos, tan profundos y oscuros; también recordaba sus dientes blanquísimos, que iluminaban su piel morena como la luna ilumina la noche.

Y allí estaban los dos peces de plata, bordados sobre su pecho...

¡Álvaro! Era Álvaro, su amigo...

Y de repente el caballero la miró con absoluto asombro, como si la viera por primera vez, y exclamó:

–Antes no me había dado cuenta, pero cómo te pareces a...

–¿A quién? –interrumpió Paula, ansiosa.

–A una niña a la que conocí justo en el momento en el que comienza la historia que tú quieres que te cuente. Estuvimos juntos apenas unas horas; sin embargo, estas fueron intensas. Era una niña valiente y decidida, y tan bravía como leal y bondadosa... Pero de pronto desapareció... Sin embargo, ni Enrique ni yo pudimos olvidarla, y ahora... tú... tú te le pareces tanto...

Mirándote, los recuerdos acuden a mi mente todavía con más fuerza.

Paula agachó la cabeza para que el caballero no leyera la emoción en sus ojos.

–Contadnos vuestra historia, don Álvaro, pues Paula y yo estamos deseosos de escucharla –dijo el Guardián del Tiempo.

–¿Paula? ¿Habéis dicho Paula? ¿También se llama Paula? –preguntó el cada vez más asombrado caballero.

Paula alzó la cabeza para decir que sí, pero cuando el caballero la contempló con fijeza, no pudo sostenerle la mirada y la volvió a inclinar.

–¡Paula!... Qué extraña coincidencia... –susurró don Álvaro, perplejo, y después añadió–: También tenía ella el pelo de ese color rojizo tan brillante, y los ojos entre verdes y pardos. Si no hubieran pasado tantos años, diría que eres la misma... Pero no puede ser...

–No puede ser... –repitió el Guardián del Tiempo, y el caballero, sin dejar de mirar a Paula, comenzó a contar la historia de la que ella ya conocía el principio.

Paula la escuchó emocionada, reconociendo todas y cada una de sus palabras hasta que él dijo:

–A partir de aquel día, mi vida cambió por completo. Enrique era mi rey, pero también era mi amigo, mi hermano casi...

–¿Y qué fue de la niña, de la niña que se parecía a mí? –preguntó Paula con profundo interés.

–No sé, no sé qué fue de ella... Estaba allí en el patio, con nosotros, y de repente dejamos de verla... La llamamos a gritos, la buscamos, volvimos a buscarla... Nadie nos supo dar razón, la tierra se la había tragado. No había explicación, a no ser que...

–¿A no ser que...? –interrumpió Paula sin poder contener su impaciencia.

–A no ser que huyera escondida en el carro del heno... Enrique dijo que tenía que ser eso; pero que no lo comprendía, y que le extrañaba que me abandonara entonces, y más cuando antes, a pesar del peligro, se había negado a hacerlo.

»Le confesé que no éramos hermanos y entonces ya no tuvo dudas:

»–¿Te la imaginas aprendiendo a bordar, a cantar y a danzar? ¿Te la imaginas...? –me preguntaba, y después añadía–: Yo creo que era igual que algunos pájaros que han nacido solo para volar.

»Yo pensé en lo que ella me dijo cuando le ofrecí que se viniera conmigo a Cuenca y se negó:

»–¿Adónde irás entonces? –le pregunté.

»–Allí adonde el viento me lleve –respondió.

»Adonde el viento la llevara... –susurró el caballero.

Paula lo miró sonriendo y se dijo a sí misma, satisfecha: «En el carro del heno, así tuvo que ser. Seguro que fue así como escapé... Bordar, cantar, danzar... ¡Uf!».

–Pensamos mucho en ella, Enrique y yo –continuó diciendo el caballero–. Y cuando más tarde íbamos de una ciudad a otra, mirábamos con los ojos atentos a todo el mundo, con la esperanza de volver a encontrarla; pero nunca la hallamos. Todavía, a veces, me pregunto: «¿Dónde se encontrará ahora? ¿Habrá sido feliz? ¿Estará viva o muerta?».

–¡Pues claro que está viva! –casi gritó Paula.

–¿Está viva? ¿Tú lo sabes? Entonces, ¿la conoces?... –preguntó el caballero, con los ojos brillantes de emoción.

–Lo dice porque quiere animaros, y también porque es eso lo que ella desea –explicó el Guardián del Tiempo, y el caballero bajó los ojos, desilusionado. Después de unos segundos, miró a Paula de nuevo y suspiró:

–Dios mío, cómo me la recuerdas...

Paula hubiera deseado contarle la verdad; al menos, una parte de ella. Sus ojos debían de reflejarlo, pues el anciano, apresuradamente, dijo:

–Seguid, seguid con vuestra historia, don Álvaro.

El caballero miró a Paula una vez más, sacudió la cabeza como si quisiera apartar algunas sombras de su mente y continuó con su historia:

–Por voluntad del rey niño, desde el primer momento lo hicimos todo juntos: cuando él aprendía, yo aprendía, tanto de las letras como de las ciencias, y jugando con caballos de madera y lanzas de palo, aprendimos también cuanto debe saber un guerrero.

»Pienso que mi compañía sirvió a don Enrique tanto de divertimento como de consuelo, porque a pesar de ser rey, muchas eran sus tristezas. El conde le hacía creer que sus deseos eran órdenes para él y que todo cuanto hacía era para su bien; pero no resultaba cierto. Realmente, mi pobre amigo no era más que un prisionero. Aquel

mal hombre le había robado la libertad, y lo que de verdad pretendía era gobernar en su nombre. Por eso no le permitía ver a su hermana mayor, Berenguela, que, aunque ya tenía a sus propios hijos, lo quería con todo el corazón. El conde se empeñaba en llevarlo de una parte a otra del reino, de Palencia a Ávila, de Ávila a Segovia, de Segovia a Cuéllar..., para que en todas las ciudades advirtieran que él era su mano derecha.

»Muchas vilezas cometió el conde con el fin de apartar al rey de su hermana, tales como ocultarle las cartas que le enviaba para que él creyera que a ella en nada le importaban ni su salud ni su vida. ¡Muchas! Pero hubo una entre todas ellas, tan malvada y miserable, que nunca podré olvidarla. ¡Nunca!

El caballero se había alterado de tal forma que tuvo que detenerse para tomar aliento. Paula miraba emocionada su rostro enrojecido y sus ojos brillantes de indignación.

–¿Qué sucedió? –preguntó sin poder contener su impaciencia mientras pensaba en los ojos claros y bondadosos de Enrique.

# 7 *Las cartas*

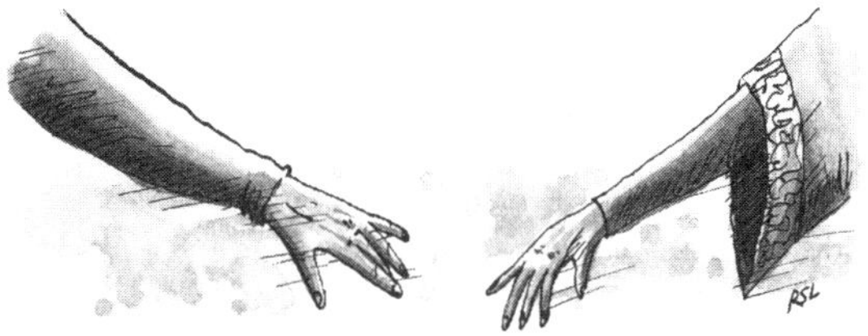

POCO a poco, el caballero recuperó la calma; pero, antes de continuar, miró a Paula y ella advirtió que en sus ojos, además de ira, también había tristeza.

–No puedo olvidar lo que el conde hizo, porque su indigna acción partió el corazón a mi pobre y querido rey niño –comenzó a decir don Álvaro.

«Pero ¿qué indigna acción fue esa?», preguntaban los curiosos ojos de Paula.

El caballero volvió a detenerse y Paula gritaba por dentro: «¡Vamos, sigue, sigue...!».

Cuando por fin continuó, ella tuvo que poner la mayor atención para escucharlo, porque él hablaba en voz muy baja y sus palabras sonaban entrecortadas y sordas, como si salieran de lo más hondo de su corazón:

–Cierto día encontré a don Enrique encerrado en su habitación. Estaba echado sobre la cama y lloraba desconsoladamente. Tan desconsoladamente como si fuera un niñuelo de cuatro o cinco años. El llanto era tan violento que sacudía todo su cuerpo. Cuando le pregunté asustado qué era lo que le pasaba, no pudo responderme porque los sollozos ahogaban sus palabras, de modo que me senté junto a él y tomé una de sus manos entre las mías. Así permanecimos durante mucho tiempo. Nada podía hacer para ayudarle sino compartir su enorme dolor.

»Aquel día no hubo lecciones ni juegos ni rezos, ni siquiera comida... Nada hubo sino tristeza y lágrimas. Lo único que el rey niño aceptó fue un poco de agua que yo le ofrecí. Lo más extraño era que nadie se acercó a la cámara de don Enrique, ni pajes ni criados, ni siquiera el capellán del castillo. Absolutamente nadie. «Debe de ser que el conde conoce el pesar que aflige al rey y ha dado órdenes de que no se le moleste... Pero entonces este pesar tiene que ser inmenso», pensaba yo sintiendo que mi angustia crecía. «¡Doña

Berenguela!, ha de ser doña Berenguela... ¡Dios mío!, su hermana ha muerto... Don Enrique la quiere como si fuera su propia madre, y ahora ya no podrá volver a verla...». Eso fue lo que llegué a creer; pero estaba equivocado...

Don Álvaro calló de nuevo, y otra vez Paula no pudo evitar su impaciencia:

–Entonces, ¿qué era? –preguntó.

–Era, era... ¡la mayor de las maldades, la peor de las ruindades, la más cruel mentira, la más...!

Los ojos del caballero volvían a estar encendidos de dolor y de ira, y Paula pensó que nunca llegaría a saber qué era aquello tan terrible que había hecho el conde de Lara. Pero, tras una corta pausa, don Álvaro continuó su narración:

–Al caer la tarde, sucedió algo que hizo que el rey se calmara, que sonriera incluso, aunque muy tristemente... Fue una palomica, sí, una paloma de las muchas que anidaban en las murallas, una paloma mansa que se nos coló por el hueco de la ventana y fue a posarse sobre el hombro de Enrique. Pasada la primera sorpresa, él se sentó en el lecho con ella en las manos y la acarició suavemente, sonriendo entre lágrimas. Yo también sonreía mirándolos. Así estuvimos algún tiempo, hasta que el rey se aproximó a la ventana y la devolvió al aire.

»–Vuela, tú que puedes... Vuela libre, paloma, tú que puedes, aléjate... Regresa al nido en el que alguien te estará esperando –susurró mientras contemplaba cómo se perdía en el aire–. Quién pudiera no ser rey –añadió luego–. Si yo fuera paloma, me iría muy lejos, allí donde nadie consiguiera encontrarme, y no regresaría nunca. Solo tú vendrías conmigo, Álvaro.

»Creí que él hablaba de escapar de la tutela del conde de Lara, y por eso le dije:

»–Sí, seríamos dos felices palomas, y volaríamos con alegría, tan lejos que nadie podría hallarnos. Únicamente nos detendríamos en el lugar donde vive doña Berenguela, y allí nos convertiríamos de nuevo en niños.

»El rey movió de forma triste la cabeza.

»–Tampoco ella... –susurró en voz tan baja que apenas le oí–. Tampoco ella...

»No entendí lo que quería decir, porque hasta entonces su mayor anhelo había sido vivir con su hermana y con los hijos de esta.

»–¿Tampoco ella? ¿Cómo es eso? De verdad que no os comprendo –pregunté asombrado.

»–Hay una carta, Álvaro. Está escrita por doña Berenguela. En ella da órdenes a uno de sus amigos para que, llegando hasta mí, gane mi confianza y me administre luego un veneno mortal. Quiere matarme, mi propia hermana desea que muera...

»La voz del rey niño se quebró en un nuevo sollozo; pero la mía fue fuerte y clara cuando grité:

»–¡No lo creo!

»–Yo tampoco podía creerlo, pero el conde me la ha enseñado. Estaba lacrada y llevaba su sello. Lo conozco bien y lo he visto, Álvaro.

»–A pesar de eso, sigo sin creerlo. ¿Habéis tenido la carta en vuestras manos?

»–En mis manos no la he tenido, pero sí a un palmo de mis ojos –se lamentó el rey niño.

»–Doña Berenguela os quiere casi tanto como a sus propios hijos.

»–¿Crees tú eso, Álvaro? ¿Lo crees verdaderamente?

»–Lo creo verdaderamente –afirmé, convencido de lo que decía.

»–Y entonces, ¿por qué nunca me escribe? ¿Por qué nunca se interesa por mi salud ni por mis progresos? El conde dice que lo único que a ella le importa es ser reina de Castilla, y para eso es necesario que yo muera...

»–Eso os dice el conde de Lara porque desea enemistaros con vuestra hermana, y así ser él quien gobierne en vuestro nombre, solo él... ¿Es que no lo entendéis?

»–Pero ¿y esa carta, Álvaro? Yo la he visto y...

»–El conde de Lara pudo falsificar el sello.

»–¿Lo crees capaz de eso?

»–Lo creo...

»–Pero no es tan fácil. Yo lo he visto, Álvaro, y parecía auténtico...

»–No lo era, estoy seguro.

»En el alma del rey niño comenzaba a crecer la duda, lo leía en sus ojos.

»–¿Sabéis dónde está esa carta? –pregunté.

»–Supongo que en su habitación.

»–Tenemos que encontrarla –exclamé.

»El rey Enrique me miró, perplejo.

»–¿Cómo podremos hacerlo?

»–¡La encontraremos! –afirmé decidido, y a partir de ese momento me mantuve alerta, esperando la ocasión de entrar en la habitación del conde sin demasiado peligro.

»La ocasión se presentó cierta mañana en la que el conde, sus amigos y vasallos salieron de cacería. Le acompañaban la mayor parte de las damas del castillo.

»–Tenéis que fingir que algo os duele; por ejemplo, la cabeza. Decid que no es importante, pero que no os encontráis del todo bien –le dije al rey niño.

»Fue así como conseguimos entrar en la cámara del conde de Lara, aunque con precauciones, porque soldados y servidores seguían en el castillo. Pero los soldados andaban de vigilancia en las almenas, y en cuanto a los servidores, estaban deseosos de tomarse un día de descanso comiendo y bebiendo en sótanos y cocinas.

»De todas formas, al rey y a mí nos latía el corazón con fuerza cuando abrimos la tapa del gran cofre que había a los pies de la cama del conde. Revolviendo con cuidado entre ropas, libros y algunas cosas menudas, fuimos a dar con un cofrecillo. Nuestros ojos brillaron de esperanza, pero por desgracia estaba cerrado. De ninguna forma podíamos forzar la cerradura porque, en tal caso, el conde lo advertiría. No teníamos otro remedio que encontrar la llave, pero ¿dónde estaría?

»¿Detrás de alguno de los tapices que adornaban las paredes? ¿Debajo del crucifijo de marfil tallado que había sobre una mesa? ¿En alguno de los candelabros? Buscándola estábamos cuando nos pareció oír el sonido de unos pasos que se acercaban. Durante unos instantes nos miramos alarmados y, sin pensarlo mucho, corrimos a ocultarnos debajo del enorme lecho.

»Nadie entró en la cámara del conde, pero permanecimos sin movernos, sin respirar casi, hasta que los pasos se alejaron. Nos disponíamos a salir de nuestro improvisado refugio cuando, sin querer, hice un movimiento extraño y mis manos fueron a apoyarse, con cierta fuerza, en una de las losas del suelo. Sorprendentemente, la losa de piedra se desplazó y dejó al descubierto un insospechado hueco. Levantamos la colcha para así ver mejor, y a la luz del día contemplamos, boquiabiertos, un gran fajo de cartas.

»El rey niño ahogó una exclamación: todas aquellas cartas, absolutamente todas, estaban dirigidas a él y eran de su muy querida y añorada hermana. Y todas, excepto una, estaban cerradas con lacre y llevaban el sello de doña Berenguela.

»–Así pues, ella se acordaba de mí y me escribía –susurró don Enrique, emocionado.

»–Era el conde de Lara el que no os entregaba sus cartas –susurré yo, y enseguida añadí–: ¿Veis esta carta sin lacre? ¿La veis bien?

»–La veo –susurró el rey niño.

»–Pues ahora ya podéis entender que alguien se lo quitó, y para qué. Fue así como el conde consiguió haceros creer que aquella horrible carta en la que se ordenaba vuestra muerte había sido escrita por doña Berenguela; sin embargo, fue él quien la escribió.

# 8 *Solo por ambición*

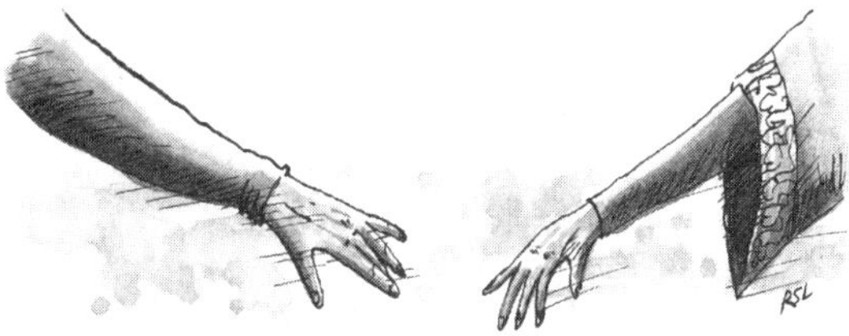

OTRA vez don Álvaro tuvo que interrumpirse para tratar de contener la indignada emoción que oprimía su pecho.

Paula también se sentía emocionada. Sus ojos brillaban y tampoco podían evitar una mirada de indignación. El caballero, advirtiéndolo, se dirigió a ella.

–¿Entiendes tú cómo es posible que alguien llegue a tal crueldad y vileza únicamente por ambición?

Paula negó enérgicamente con la cabeza.

–Y mucho menos a nuestro Enrique, que era... –comenzó a decir con palabras entrecortadas.

–¿A nuestro Enrique? –interrumpió el caballero, asombrado.

–Es que... –susurró Paula.

–Es que lo contáis con tanto sentimiento que parece que Paula y yo lo estamos viviendo –explicó el Guardián del Tiempo.

El caballero sonrió y continuó hablando, pero ya no se dirigía a nadie en particular; más bien parecía como si reflexionara en voz alta:

–Y pensar que el conde de Lara, años atrás, había sido un hombre noble, prudente y valeroso. Siempre, lo mismo en la paz que en la guerra. El buen rey Alfonso VIII le tenía gran afecto y confianza. Su hija mayor, doña Berenguela, también se lo tuvo, y fue por eso por lo que le cedió la tutoría de su hermano Enrique. Pero luego, él cambió. ¿Cómo pudo apartarla de aquel niño que, aunque fuera rey, necesitaba de caricias y besos lo mismo que cualquier otro? ¿Cómo pudo engañarlo de modo tan perverso, cómo pudo privarlo del cariño y la presencia de aquella hermana que tanto lo quería? ¿Cómo pudo hacerle sufrir de manera tan cruel? Son cosas que todavía no llego a comprender...

El caballero guardó silencio unos segundos, y enseguida añadió, como si hablara consigo mismo:

–Fue el deseo de poder... Cuántas cosas injustas y terribles se hacen en el mundo para ser poderoso...

–Cuántas se hacen, cuántas se han hecho y cuántas se seguirán haciendo... –dijo el anciano Guardián del Tiempo, y luego añadió–: Aunque, para ser justo, hay que reconocer que al principio el conde de Lara creía sinceramente que doña Berenguela no podría educar al rey niño para gobernar Castilla con acierto; pensaba que él estaba en condiciones de hacerlo mejor. Entonces sus intenciones no eran malas, tenéis razón, don Álvaro; pero luego la ambición se adueñó de su corazón.

El caballero asintió con la cabeza y, durante algún tiempo, tanto él como el anciano permanecieron en silencio. Paula se impacientaba otra vez:

–¿Descubrió el conde de Lara que habíais encontrado las cartas? ¿Qué fue lo que hizo el rey niño? –preguntó tímidamente; pero como no obtuvo respuesta, miró al caballero y alzó la voz–. ¿Qué hizo el rey niño? –repitió.

–El rey no hizo nada.

–¿Que el rey no hizo nada? –se escandalizó Paula.

–Era solo un niño, y además tenía miedo... Temía sobre todo por mí, pues el conde de Lara no era precisamente mi amigo. El rey estaba temeroso de que, si nos enfrentábamos al conde, pudiera ocurrirme alguna cosa desagradable... Un accidente, por ejemplo. Era tan grande el castillo, tan altas y resbaladizas sus escaleras, tan hondo el foso...

–¿Quieres decir que el conde podría haberte asesinado? –preguntó asombrada Paula.

–Quizás sí, quizás no... Probablemente se hubiera conformado con hacerme desaparecer. Había tanta gente en las mazmorras de los castillos que, al final, todo el mundo acababa olvidándose de ella.

–¡Ooooh! –exclamó Paula horrorizada, y el caballero siguió con su historia.

–Entonces el rey niño no podía hacer nada; pero estaba decidido a hacer muchas cosas más adelante, cuando cumpliera dieciocho años y fuera armado caballero. Con frecuencia hablábamos de eso: «Cuando pueda gobernar por mí mismo, me apartaré para siempre del conde y mandaré llamar a mi hermana y a sus hijos. Viviremos juntos, ellos, tú y yo. Seré un rey justo, y no permitiré que los villanos recojan las cosechas de los señores antes que sus propias cosechas, y podrán obtener leña de mis montes y pescar en mis ríos sin que nadie les corte las manos. Seré un rey valiente, iré a la guerra si es necesario; pero no arrojaré a los vencidos de sus casas ni me apoderaré de la tierra de los más pobres... Y tú siempre vendrás conmigo, Álvaro. Después serás caballero y tendrás tu propio castillo», me decía. En aquellos tiempos soñábamos con frecuencia, aunque ante el conde de Lara disimulábamos. Pero disimular no quería decir que nos mantuviéramos sumisos y del todo tranquilos.

Paula miró al caballero con ojos emocionados, sin saber muy bien lo que quería decir, pero adivinando que tras sus palabras se escondía algo emocionante.

El caballero le devolvió la mirada, sonrió y dijo de manera misteriosa:

–Sí, en verdad algo tramamos y algo hicimos para que doña Berenguela supiera todo lo que el conde había hecho para separarla definitivamente de su hermano.

–¿Qué hicisteis? –preguntó Paula.

–Cierto día, uno de los carreteros del carro del heno, un mozo con el que me gustaba hablar, me dijo que tardaríamos algún tiempo en volvernos a ver, porque pensaba dirigirse con una carga de lana de oveja hacia el castillo que don Gonzalo Ruiz de Girón tenía en la comarca que llamaban de Campos. Como este don Gonzalo era un gran amigo de doña Berenguela, Enrique y yo vimos el cielo abierto.

»Aquel mozo siempre me había parecido de fiar, así que decidimos entregarle un escrito del rey niño para su hermana. No ignorábamos que el riesgo era grande, pero decidimos correrlo de todas formas.

»Cuando doña Berenguela supo lo que sucedía, quiso recuperar la tutela y custodia del rey niño; pero el conde de Lara no quiso devolvérsela y estalló el conflicto entre ellos.

»Castilla se dividió en dos bandos. Había nobles partidarios del conde de Lara y nobles partidarios de doña Berenguela, de modo que hasta llegaron a combatir con las armas.

–¿Y el rey niño? ¿Qué pensaba el rey niño? –preguntó Paula.

–Al rey niño se le partió el corazón. Cuando había luchas, el conde lo llevaba con él; quería hacer creer a todos que don Enrique también estaba en contra de su hermana.

–¿Y la gente lo creía?

–Como ya digo, Castilla estaba dividida: unos lo creían y otros no.

–¿Y su hermana Berenguela? ¿Qué creía ella?

–Doña Berenguela no lo creía porque yo me encargaba de tenerla bien informada.

–¿Por medio del mozo, el del carro del heno?

–No siempre. A veces el encargado de llevar y recoger mensajes era yo mismo.

Paula lo miró sorprendida; iba a preguntar algo, pero el caballero continuó:

–Ya he dicho que viajábamos con frecuencia, eso lo sabía todo el mundo, y durante el camino no eran tan difícil apartarse de la comitiva y llegar rápidamente hasta un bosquecillo o a las orillas de un riachuelo. Era en esos lugares donde solía ocultarse el mensajero de doña Berenguela.

–Hay muchos bosques y muchos ríos en Castilla. ¿Cómo sabías en cuál de ellos estaba el mensajero?

–Lo sabía porque siempre nos las arreglábamos para que un pájaro cantara cinco veces seguidas y otro le respondiera cantando otras cinco.

–¿Qué quieres decir? –preguntó Paula.

–Quiero decir que el canto de esas aves solo era una contraseña. Que un pájaro era el mensajero de doña Berenguela y el otro era yo.

–¿Y nunca se daba nadie cuenta cuando te alejabas del grupo de gente?

–A veces sí; pero si tal cosa ocurría, ponía cara de prisas, señalaba con apuro a mi vientre y salía corriendo.

Paula sonrió y el caballero sonrió también; pero pronto volvió la seriedad a su rostro, y de repente exclamó:

–Fueron tres años de profunda amistad, de compartir alegrías, tristezas y... ¡sueños...! Cuánto soñábamos juntos don Enrique y yo... Pero qué lejos estábamos de suponer lo pronto que acabaría todo aquello.

# 9 *Adiós, amigo*

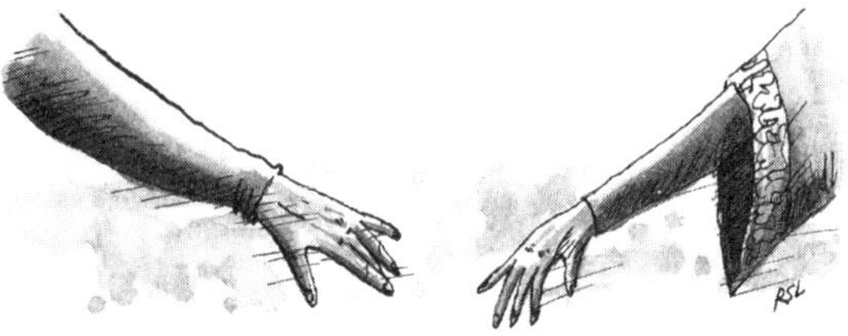

–SE rompieron de golpe nuestros sueños, nuestros muchos y hermosos sueños. El mes era el de mayo; el año, el de 1217... –susurró el caballero, y enseguida calló, invadido por la tristeza. Esta vez parecía tan inmensa, y era tan oscura la sombra que poco a poco iba empañando sus ojos, que Paula no se atrevió a romper el silencio.

Cuando volvió a hablar, la voz de don Álvaro sonaba tan extraña como si no fuera él quien hablaba.

–Estábamos en la ciudad de Palencia –comenzó a decir–, descansando en el castillo del arzobispo. El día era hermoso, o fue hermoso hasta que la tragedia nos lo oscureció. Jugábamos a la pelota el rey, otros muchachos y yo... Ya veis, a la pelota... Qué cosa tan sencilla y tan sin peligro parece ser jugar a la pelota... Pues ella fue la culpable de nuestra gran desdicha... La pelota, que voló más alto de lo que queríamos y fue a caer a una de las torres que se alzaban en el patio del castillo arzobispal.

»Uno de los mozos subió a buscarla. Los demás, desde abajo, le metíamos prisa, y mientras tanto reíamos y nos burlábamos llamándole caracol, viejo oso, vaca trepadora... Él caminaba sobre el tejado con los brazos abiertos para no perder el equilibrio. Dio un paso en falso... «¡Uuuuh...!», gritábamos todos, y volvimos a reír cuando el peligro pasó. Por fin se hizo con la pelota y exclamó: «¡Allá va!», arrojándola al aire. Teníamos los ojos fijos en ella y las manos preparadas para alcanzarla, y seguramente por eso no advertimos que una teja se desprendía de la torre. Yo la vi en el último segundo. «¡Cuidado!», grité empujando a Enrique; pero fue demasiado tarde. A mis pies cayó, herido por el rayo de la muerte. Tendido quedó en el patio.

–¡No! –susurró Paula, y sus ojos se llenaron de lágrimas; pero esta vez al caballero no le sorprendió su tristeza.

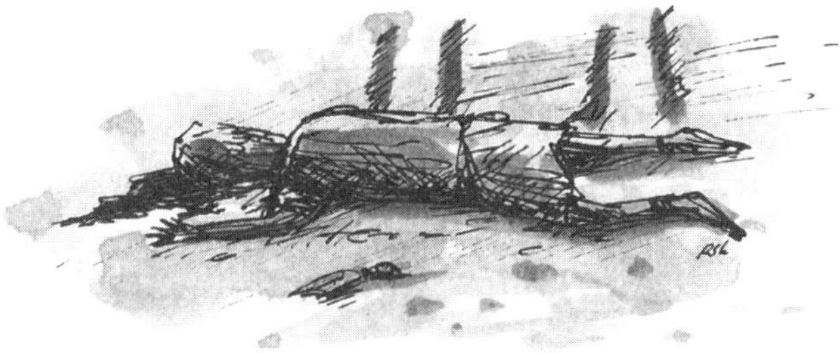

–Su sangre –continuó diciendo–, su noble sangre de rey bueno, se derramaba a borbotones desde su cabeza hasta el suelo.

»Corrí hacia él y me arrodillé a su lado.

»–¡Señor, señor...! –le llamé en voz baja–. ¡Hablad, decidme algo, Enrique! –supliqué.

»Él me miró un momento, solo un momento, y después cerró los ojos.

»–¡Enrique! –grité desesperado.

»A mi grito, los otros niños gritaron también.

»–¡Ha muerto! ¡El rey ha muerto! –decían llamando a cualquiera que pudiera oírlos.

»En unos segundos llegaron en tropel casi todos los habitantes del castillo: caballeros y criados, pajes y escuderos, clérigos, jóvenes y viejos... Por último llegaron el arzobispo y el conde, tan pálidos y descompuestos como los niños que lloraban abrazados.

»A gritos pidió el conde que buscaran sin pérdida de tiempo al médico judío, sin advertir que este estaba ya junto al cuerpo caído de don Enrique, tratando de encontrar su pulso.

»–El rey no ha muerto, su corazón late, la sangre continúa corriendo por sus venas –dijo por fin, y un suspiro de alivio ensanchó los pechos de todos.

»Pero nuestras esperanzas fueron vanas, porque varios días después, el seis de junio, Enrique, el rey niño, mi señor, mi amigo, mi compañero, el que iba a ser tan justo y grande como su padre Alfonso VIII, dejó escapar su espíritu y murió casi sin luchar, a pesar de que yo le rogaba que no nos abandonara ni a Castilla ni a mí.

La voz del caballero se quebró y él se tapó el rostro con las manos; por eso no advirtió cómo las lágrimas rodaban por las mejillas de Paula. Solo se las secó cuando él se repuso y siguió hablando:

–Cuando murió, me sentí tan triste y desamparado como debe de sentirse un pajarillo, todavía sin plumas, que cae del nido. Tan ancho y hondo como la mar era mi dolor, y tan grande como el cielo era mi soledad. Además, una vez muerto el rey, yo no tenía amigos en casa del conde de Lara. Muy al contrario, más bien tenía enemigos, el mayor de los cuales era el propio conde, el mayor y el más poderoso. Sin embargo, en aquellos primeros momentos se encontraba tan sin ánimos como yo mismo, aunque por muy distintos motivos. Con la muerte del rey, él perdía el enorme poder que había amasado en Castilla, y yo perdía a mi amigo, a mi hermano... a todo cuanto de amable y bueno tenía en el mundo... De todas formas, por muy grande que fuera mi tristeza, era consciente de que me hallaría en muy grave peligro una vez que el conde pudiera pensar en otra cosa que no fuera en la muerte del rey y en las consecuencias que tenía para él. Por eso escapé del castillo del arzobispo en cuanto me fue posible.

»Muchas cosas cambiaron en Castilla desde la muerte del rey niño. Su hermana, doña Berenguela, fue proclamada reina, pero cedió la corona a su hijo mayor, don Fernando, que por entonces era un bravo mozo de diecisiete años. Enseguida tuvieron que pelear con el conde de Lara, que se negaba a entregarles el cadáver de don Enrique. Pensaba el conde que, conservando su cuerpo muerto, aún seguía teniendo la fuerza y el poder que había poseído mientras estaba vivo.

»En cuanto a mí, otra vez me vi en los caminos, sin más ayuda que la de mis brazos ni más compañía que la de mis recuerdos.

»Pensaba regresar a Cuenca deprisa y directamente, sin detenerme a ver más mundo. En primer lugar porque no tenía ánimos para ello, y en segundo porque demasiadas cosas había visto ya acompañando al rey niño cuando el conde de Lara lo llevaba por toda Castilla, de una ciudad a otra.

»Sin embargo, no lo hice porque, estando ya en tierras de Segovia, supe que doña Berenguela había conseguido recuperar el cuerpo de su hermano y lo había llevado a enterrar al monasterio de Santa María de las Huelgas. Por eso di la vuelta y me dirigí a tierra de Burgos para orar ante su sepulcro.

»Una calurosa mañana de julio, me arrodillé por fin ante la tumba del que fuera mi rey y mi amigo.

»No podía creer que debajo de aquella pesada y fría losa estuviera entonces aquel con el que durante tres años había compartido la vida. Otra vez pensé en nuestros sueños... ¡Oh, Dios, qué grandes fueron...! Cómo conseguíamos volar sobre la triste y aburrida realidad en la que nos tenía prisioneros el conde de Lara; cómo nos gustaba contemplar a las palomas alejándose en el aire, libres siempre; cómo disfrutábamos mirando los anchos campos de Castilla desde las almenas del castillo de Carrión... «Algún día, Álvaro, tú y yo iremos adonde queramos, solo adonde queramos, Álvaro», me decía Enrique alargando la vista cuanto podía.

»Recordando sus palabras, no pude contener la mucha tristeza que había en mi corazón y lloré, lloré con desconsuelo abrazado a la piedra que cubría su cuerpo. No sé cuánto tiempo permanecí allí arrodillado, solo sé que en aquellos momentos nada existía para mí, ni nada me importaba que no fuera la muerte de don Enrique y mi propio dolor. Por eso no hice ningún esfuerzo para contener mis lágrimas. Llorar me aliviaba, y además creía que me encontraba solo en el templo.

»Sin embargo, alguien había entrado en Santa María de las Huelgas detrás de mí, sin que yo lo advirtiera.

»Tampoco sé en qué momento se calmaron mis sollozos. Sí recuerdo que, cuando me levanté para marchar, mis dedos comenzaron a acariciar la lápida. Era la única forma que tenía de despedirme del rey niño: «Adiós, mi señor, adiós para siempre, querido amigo mío, nunca os olvidaré, ¡nunca!, aunque viva cien años...», susurraba sin saber que alguien estaba oyéndome. Y de pronto sentí que una mano se apoyaba suavemente en mi hombro.

# 10 *Una nueva vida*

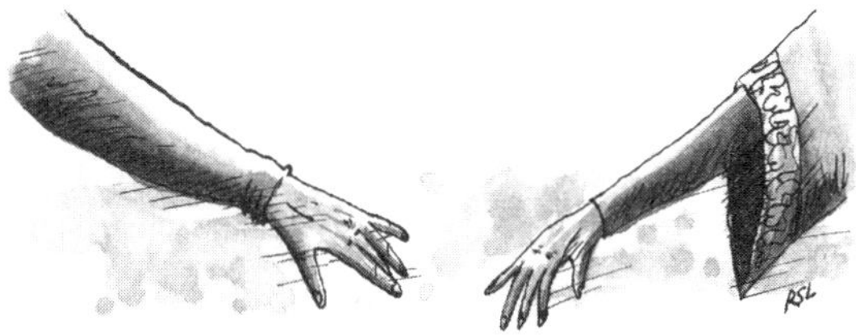

Los ojos de Paula, todavía húmedos, brillaban de emoción. ¿De quién sería la misteriosa mano que de pronto se apoyó en su hombro?

–Enseguida oí una voz a mis espaldas –continuó diciendo él–, una voz desconocida que susurraba: «Te he estado buscando durante muchos días...».

»Me volví sorprendido y me encontré delante de una mujer, una dama de ojos muy tristes. Era ella, ¡doña Berenguela!, la reina de Castilla.

»A partir de aquel día, permanecí a su lado y al lado de sus hijos. Todos ellos me acogieron con igual cariño; pero es a don Fernando, el que ahora es nuestro rey, al que más debo.

»Junto a él dejé de ser paje para convertirme en escudero, y apenas cumplí dieciocho años, él mismo me armó caballero, como hizo con su propio hermano menor.

»Muy cerca de él he vivido desde entonces, tan cerca como antes viví del rey niño. Lo mismo que compartí las alegrías e inquietudes de don Enrique, he compartido las de don Fernando. Junto a él he luchado, primero en tierras de Castilla, en las muchas revueltas del conde de Lara y sus hermanos. Por cierto que el conde de Lara murió más o menos un año después, y de una forma parecida a como murió el rey niño: cuando sitiaba la fortaleza de uno de los partidarios de doña Berenguela, alguien le arrojó desde las murallas una enorme piedra que le fue a dar en el hombro y en el pecho; la herida era grande, y a consecuencia de ella dejó de existir. Luego luché junto a don Fernando contra señores y reyes moros, en tierras de Andalucía. A su lado estaba yo cuando se conquistaron Andújar y otras plazas cercanas a Córdoba. Con bravura procuré pelear, sin retroceder ni evitar peligros, dando siempre la cara. El rey don Fernando me premió por ello, no solo mostrándome de palabra su contento, sino otorgándome una parte de las tierras conquistadas, además de un hermoso castillo. Nada tenía y ahora tengo mucho, más de lo que me merezco y más de lo que necesito, porque contar con la amistad del rey ya es suficiente para mí... ¡Qué digo suficiente! Ya es demasiado.

»Siempre estaré en deuda con doña Berenguela y don Fernando, y también con el recuerdo del rey niño. Mi vida hubiera dado gustoso por salvar la suya, mi vida daría también, en cualquier momento, por salvar la vida del rey don Fernando o la de la reina doña Berenguela...

»Quiero decir con todo esto que dispuesto estoy ahora a casar con quien ellos dispongan, dispuesto y agradecido, porque lo que los reyes hacen dándome esposa es concederme el mayor

de los honores. Estoy seguro de que ellos piensan que me siento gozoso, y gozoso he de parecer aunque para ello tenga que tomar mi corazón y arrojarlo fuera de mi pecho. Aunque muy lejos tendrá que ir a caer para que yo no oiga su sufrimiento...

»A partir de mañana he de disimular y fingir una alegría que no siento... Se acabaron las lágrimas a partir de mañana. Por eso he venido a este oculto lugar que doña Guiomar me mostró un día. Era en el que ella solía refugiarse cuando, siendo niña, deseaba estar sola. Aquí he venido, no lo niego, a llorar, a dejar mis lágrimas sueltas, todas, para que de este modo mis ojos puedan permanecer mañana secos...

»¡Guiomar, mi doña Giomar...! Hubiéramos podido ser tan felices juntos... ¿Quién será ese conde tan joven y apuesto al que el rey desea unirte? Ruego a Dios para que además tenga el corazón bueno y generoso y te ame mucho...

El caballero guardó silencio mientras las lágrimas corrían nuevamente por su rostro.

Paula otra vez lo miró compadecida; pero a pesar de que ahora tenía mucho más en cuenta que estaban en la Edad Media y que las cosas eran muy distintas, y de que también comprendía el enorme agradecimiento que Álvaro sentía hacia el rey Fernando y su madre, seguía sin entender cómo Guiomar y él no luchaban por su amor. Podían... podían hacer muchas cosas: hablar con el rey; seguro que él los comprendería, y si no los comprendía, podían huir juntos; después de dejarle una nota, por supuesto... Y también podían... Las ideas se agolpaban en la mente de Paula. Estaba a punto de dejarlas sueltas cuando oyeron el repiqueteo de los cascos de unos caballos que se acercaban a galope tendido, y también oyeron el eco de voces bulliciosas.

Era un grupo numeroso de caballeros, de jóvenes y alegres caballeros. Gente importante debía de ser, por lo hermosos que eran sus caballos y por lo ricas y elegantes que eran sus ropas. El que cabalgaba en primer lugar se distinguía entre todos ellos, no solo por ser el más apuesto, sino también porque tenía mayor autoridad, ya que los otros, a pesar de sus risas y bromas, parecían dirigirse a él con respeto.

Paula los miraba alejarse con ojos sorprendidos y admirados; sobre todo miraba al caballero que cabalgaba en primer lugar.

Se dirigían hacia el castillo. «Seguramente para la fiesta de mañana», pensó Paula siguiéndolos con la mirada. Solo entonces percibió que el castillo había cambiado: ahora ya no estaba medio derruido, sus cuatro torres se alzaban enteras y las banderas se agitaban al aire en lo alto de las almenas. Sobre el foso estaba echado el viejo puente levadizo, y una gran cantidad de personas pasaban sobre él. Y también había gente en la explanada; unos iban a pie, otros iban a caballo y algunos montaban en carretas. ¡Qué alboroto! ¡Qué animación...! Paula sonreía entusiasmada... Jamás hubiera imaginado que aquel castillo pudiera ser un lugar tan alegre...

Contemplando el bullicio y las idas y venidas de la gente, se había olvidado por completo del caballero y de su tristeza.

Cuando cayó en la cuenta, vio que también él marchaba hacia el castillo, aunque llevando su caballo a paso lento.

–¡Pobre caballero...! –exclamó Paula compadecida, y enseguida añadió–: Aunque si yo fuera él, no me conformaría... No, no, de ninguna manera... Hablaría con el rey, con la reina, y con el papa si hiciera falta... Pero nunca me casaría con quien no quiero... ¡Nunca! No lo comprendo, porque él parece valiente y, según dijo, nunca le importó enfrentarse con el que hiciera falta. Con el conde de Lara se enfrentó, y eso que aquel hombre era muy fiero. ¿Pero ahora? ¿Por qué tiene miedo de hablar?

–No es miedo lo que tiene, Paula –dijo el anciano Guardián del Tiempo.

–Entonces, ¿qué es?

–Ya nos lo ha explicado... Respeto, agradecimiento... Además, recuerda: estamos en el siglo XIII, los deseos de los reyes son órdenes para sus súbditos. Nadie soñaría en desobedecerlas.

–¡Yo sí! –exclamó Paula.

El anciano sonrió.

–Ciertamente, eres decidida e independiente; pero no has nacido en el siglo XIII. El tiempo ha retrocedido para ti, solo eso. Si de verdad vivieras en la Edad Media, estarías educada de otra forma y no serías como eres, ni sentirías como sientes.

Paula hizo un gesto de duda. Estaba decidida a seguir discutiendo, pero en ese momento comenzaron a sonar las campanas de la iglesia del castillo, y el anciano dijo:

–Llaman a la última oración de la tarde. Ahora todos callarán, y caballeros, damas, pajes y criados darán en silencio gracias a Dios por haberles permitido vivir un día más.

–Mañana sabrá Álvaro con quién tiene que casarse, y eso le romperá el corazón... Aunque casi se lo merece –susurró Paula.

–Mañana sucederán algunas cosas sorprendentes... –dijo el Guardián del Tiempo, y su voz sonaba misteriosa.

Paula lo miró con curiosidad y entonces él preguntó:

–¿Deseas saber lo que sucedió al día siguiente?

Los ojos de Paula brillaron de nuevo y asintió con la cabeza.

El anciano sonrió y se dispuso a hacer que esta vez el tiempo corriera para ella, y que en unos segundos la tarde se convirtiera en día, en el día siguiente.

# 11 *La fiesta del día siguiente*

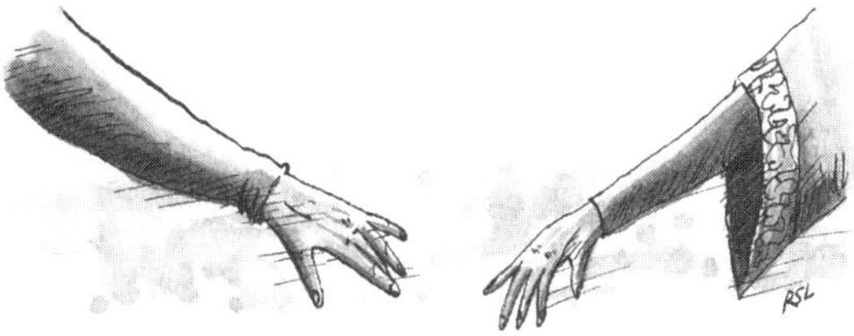

TODO era bullicio y alegría en la gran explanada del castillo.

Las campanas repicaban sin cesar, y el corazón de Paula también parecía repicar.

–¿Quieres participar en la fiesta? –preguntó el anciano, y los labios de Paula dijeron que sí con una ancha sonrisa.

–Ya verás, te gustarán las justas –añadió el Guardián del Tiempo mientras se ponían en marcha.

–¿Qué son las justas? –preguntó Paula.

–Una especie de juego en el que dos caballeros pelean con lanzas.

Los ojos de la niña se abrieron asustados.

–¿Pelear con lanzas es un juego? Pues a mí no me gusta esa clase de juegos.

–No pretenden hacerse daño; lo único que desean es demostrar a todo el mundo lo bien que manejan las armas.

Paula suspiró aliviada.

–Entonces, si nunca se lastiman...

–A veces ocurre algún accidente.

Paula se detuvo en el camino. No estaba muy segura de querer asistir a las justas; pero el anciano añadió:

–También tú puedes tener un accidente yendo en coche, montando en bicicleta o patinando... No te arrepentirás de asistir a estas fiestas, te lo aseguro. Pero si no te apresuras, no encontraremos un buen sitio.

A medida que se acercaban al castillo, el alboroto era mayor: niños corriendo y gritando de gozo, vendedores de dulces y frutas, tocadores de flauta, artistas ambulantes que daban volteretas y andaban con las manos...

Pero lo que realmente llamó la atención de Paula fueron las tiendas de campaña. Había varias en la explanada, y estaban hechas con fuertes telas de colores, unas lisas y otras rayadas, pero todas alegres y hermosas. Dentro de cada una de ellas había dos o más hombres jóvenes.

–¿Quiénes son? –preguntó Paula.

–Son los caballeros que van a participar en las justas y sus escuderos o ayudantes.

–A un lado y otro de la explanada había gradas de madera. Mucha gente se sentaba ya en ellas, pero todavía quedaban bastantes sitios libres.

–¡Hemos tenido suerte! –exclamó el anciano–. Dentro de poco no cabrá aquí ni una aguja.

Muy cerca del lugar en el que fueron a colocarse había dos tribunas. Las dos se cubrían con toldos y estaban hermosamente adornadas con escudos y estandartes; pero una era más grande y lujosa que la otra.

–Esa es la tribuna del rey y su familia. La otra está reservada a la reina del amor y de la belleza –dijo el anciano Guardián del Tiempo.

–¿La reina del amor y de la belleza? –preguntó Paula, sorprendida.

–La reina de las fiestas. Será ella la que entregue su premio al caballero ganador –aclaró el anciano. Iba a añadir algo más, pero comenzaron a sonar las trompetas.

–Anuncian la llegada del rey Fernando III; de su esposa, la joven reina Beatriz, y de su madre, la reina doña Berenguela –explicó el anciano en voz baja.

Los ojos de Paula se encendieron de emoción y curiosidad. Verdaderamente, ¡qué suerte tenían de estar tan cerca de las tribunas! Desde allí podía ver con toda claridad los rostros jóvenes y sonrientes del rey y de su esposa, y el ya cansado rostro de la reina Berenguela. Cansado, sí, pero todavía se adivinaba en él lo decidida, fuerte y bondadosa que ella era.

–La reina del amor y de la belleza es doña Guiomar –susurró el anciano, y Paula miró rápidamente hacia la otra tribuna.

La reina del amor y de la belleza estaba rodeada de damas muy hermosas, pero a todas hacía sombra. Sin embargo, no parecía muy alegre. Paula observó que no hablaba tan bulliciosamente como las otras jóvenes, y que su sonrisa, aunque amable, era muy triste. «Pues que hubiera luchado por su amor», pensó entre compadecida y enfadada.

Cuando los reyes se sentaron en los tronos que estaban dispuestos para ellos, las trompetas

cesaron de sonar, aunque por muy breve tiempo. Al sonar de nuevo, el anciano explicó:

–Ahora anuncian el comienzo de las justas. Cuando enmudezcan otra vez, escucha atentamente, porque el heraldo anunciará el nombre de los caballeros participantes.

–¿Qué es un heraldo? –preguntó Paula.

–Es alguien que anuncia algo de importancia –comenzó a decir el anciano; pero Paula apenas lo escuchó, porque en uno de los extremos de la explanada acababa de aparecer un caballero que llevaba una larga lanza en una mano y un escudo en la otra. Su cabeza y su cara se cubrían con una especie de casco que únicamente tenía una abertura a la altura de los ojos. Sus brazos y sus piernas también estaban protegidos por láminas de un brillante metal. Un hombre joven, un escudero debía de ser, sostenía las riendas del enorme caballo en el que montaba.

Frente a él, como a unos doscientos o trescientos metros de distancia, Paula descubrió a otro caballero.

–Es él, don Álvaro –dijo el anciano a Paula.

–¿Cómo puedes saberlo, si tiene la cara tapada? –se asombró ella.

–Fíjate en su escudo y en el bordado que lleva sobre el pecho. Son los peces de plata del rey don Enrique.

El heraldo anunció los nombres de los caballeros. Los escuderos se apartaron y los caballeros galoparon, uno al encuentro del otro.

Cuando se encontraron, Paula se tapó los ojos con las manos. Quizás aquello solo fuera un emocionante juego, pero prefería no verlo. Sin embargo, no podía dejar de oírlo: la gente gritaba, a veces con asombro, otras con miedo... Y a veces lo único que se oía era un profundo silencio, un silencio que asustaba y que solo se rompía con el chocar de las lanzas... Por fin Paula oyó un último grito, largo y entusiasmado.

–¡Ha vencido, Paula! ¡Don Álvaro ha vencido! –exclamó el anciano.

Paula suspiró con alivio.

–¿Cuándo nos vamos? –preguntó.

–¿Irnos? Las justas acaban de comenzar. Don Álvaro debe luchar ahora con otro caballero.

Tres veces más sonaron las trompetas anunciando un nuevo combate, y las tres veces volvió a vencer don Álvaro.

–¿Pero es que tiene que luchar con todo el mundo? –se impacientó Paula.

–El vencedor ha de pelear con todo aquel que quiera desafiarlo; solo así será reconocida su victoria –explicó el anciano.

Cuando el heraldo anunció por quinta vez los nombres de los que combatían, el corazón de Paula sufrió un sobresalto.

«Don Íñigo, conde de Herce...». ¿Conde de Herce...? No había oído antes el nombre de ningún otro conde. ¿Sería el conde con el que el rey quería casar a doña Guiomar?

–Es el caballero que vimos cuando estábamos con don Álvaro en el refugio. Fíjate en su escudo: es el mismo, dos torres y un león –susurró el anciano Guardián del Tiempo.

Pero a quien Paula miraba era a doña Guiomar. La reina del amor y de la belleza tenía las manos cruzadas sobre el pecho, seguramente para aquietar los desbocados latidos de su corazón.

En la explanada, el caballo de don Álvaro caracoleaba alterado, y el escudero le palmeaba el cuello para calmarlo. Quizás también él hubiera adivinado quién podía ser aquel conde que tenían enfrente.

Por fin, los combatientes se lanzaron a la pelea y Paula volvió a taparse los ojos con las manos.

Chocaron las lanzas, gritó la gente, se hizo el silencio... Un nuevo choque, y en la explanada se oyó un ¡oooh! de angustia y emoción: los caballeros habían estado a punto de caer de sus caballos. Paula, que había separado los dedos un momento, se apresuró a unirlos. Dos veces más se enfrentaron los caballeros, y a la tercera chocaron con tal fuerza que las lanzas de ambos se rompieron.

Paula, que unía y desunía los dedos, se volvió angustiada al anciano.

–¿Y ahora qué? ¿Quién ha vencido ahora? –preguntó.

–Ninguno ha vencido. Ahora lucharán con espada.

Los dos caballeros eran igualmente valerosos y hábiles. ¡Con cuánta rapidez se movían, a pesar de lo pesadas que eran sus ropas! ¡Zas, zas! Las espadas parecían relámpagos. ¡Zas, zas!... El conde se descuidó un momento, solo un momento, pero fue suficiente: don Álvaro le arrebató la espada y la suya se dirigió directa al corazón. Por las gradas corrió un ahogado y estremecido ¡oooh! Y todo el mundo se puso de pie.

«¡Dios mío! ¿Qué va a pasar ahora?», se preguntó Paula recordando que el hombre que estaba ante don Álvaro bien pudiera ser el que iba a arrebatarle la mujer que amaba...

Pero la espada del buen caballero se detuvo en el aire, sin rozar siquiera el pecho del conde...

Y ya no hubo ningún otro combate. Las trompetas sonaron nuevamente, don Álvaro se despojó del yelmo, que era así como dijo el anciano que se llamaba el casco que llevaba en la cabeza, y se inclinó ante los reyes.

Después se dirigió hacia la reina del amor y la belleza para que ella pusiera sobre su frente la corona de laurel de la victoria y le entregara la brillante espada con empuñadura de piedras preciosas, que era el regalo reservado a los vencedores.

Paula observó con cuánta tristeza se contemplaban. ¿Por qué no se escapaban juntos? ¿Por qué no se olvidaban de todo lo que no fuera ellos mismos y el amor que se tenían el uno al otro...?

# 12 *El final de la historia*

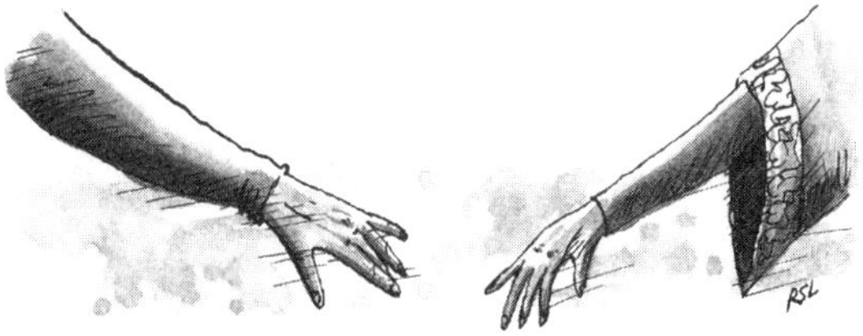

Los reyes hablaban entre ellos y sonreían. No había nada que pudiera agradarles tanto como la victoria de don Álvaro. Pero no era solo ese el motivo de su júbilo. Se alegraban también porque aquel era el día señalado para anunciar las bodas del caballero. Deseaban hacerlo en público para que todos supieran que eran ellos mismos, don Fernando, doña Beatriz y doña Berenguela, los que habían buscado para él la mejor de las esposas. ¡Cómo se alegraban los reyes de hacerlo! ¡Qué seguros estaban de que la elegida habría de gustarle!

Las trompetas comenzaron a sonar de nuevo, pero no anunciaban la marcha de los reyes, sino pedían silencio.

Cuando el heraldo anunció que don Fernando se disponía a hablar, las gentes se miraron asombradas.

–Acercaos, don Álvaro –dijo el rey con voz clara y alegre–. Y acercaos vos también, doña Guiomar –añadió dirigiéndose a la reina del amor y la belleza.

En la explanada del castillo no se oía una mosca.

«Ahora el rey le dirá a cada uno el nombre de la persona con la que debe casarse. Se creerá que les va a hacer un gran favor, y lo que va a hacer es destrozarles la vida. ¿Pero no tendrá ojos este rey, es que no ve lo tristemente que se miran los dos?», pensaba Paula.

Pues no, el rey no debía de darse cuenta, porque recibió al uno y al otro con la más amable y abierta de las sonrisas.

De pronto, Paula sintió unos enormes deseos de gritar, de gritarle a aquel Fernando III que Álvaro y Guiomar se amaban. Lo hubiera hecho si la mirada del Guardián del Tiempo no se lo hubiera impedido.

Cuando el rey habló, lo hizo mirando directamente a los entristecidos ojos de los enamorados.

–Hoy, que es día de gozo, quiero alegrarme con vosotros y que vosotros os alegréis conmigo –comenzó a decir, y después de una corta pausa añadió–: También quiero que todos sepan el mucho aprecio que a ambos os tengo; por eso digo públicamente que he sido yo, el rey de Castilla, junto con mi esposa doña Beatriz y mi madre doña Berenguela, los que hemos puesto el mayor empeño en buscaros esposa y esposo.

En las gradas, todos los labios sonrieron y todos los ojos brillaron. ¡Qué gran noticia! ¡Cuánto honor para aquellos dos jóvenes!

–Os dije, don Álvaro, que la mujer a la que os uniría era tan noble como hermosa –continuó el rey–. Y a vos, doña Guiomar, que vuestro esposo sería un joven conde, tan valiente como generoso, tan apuesto como amable...

El rey se volvió hacia don Álvaro y, tomando una de sus manos, fue a ponerla sobre una de las manos de doña Guiomar. Después añadió:

–Sabed, conde, que no he podido encontrar mejor esposa en toda Castilla.

Paula no sabía qué pensar. ¿De qué conde hablaba el rey...? Don Álvaro no era ningún conde, ¿o sería que se estaba burlando?

Pero ya don Fernando se dirigía a la aturdida doña Guiomar.

–En cuanto a vos, aquí tenéis al conde del que os hablé, y ya veis que es tan apuesto y valiente como os dije. Deseo y espero que mi elección os complazca –concluyó el rey, y al contemplar el asombro de los dos jóvenes, tuvo que hacer grandes esfuerzos para contener su real risa.

Don Álvaro y doña Guiomar, cogidos de la mano, miraban al rey don Fernando con los ojos abiertos.

–¿Tenéis algo que decir? ¿Acaso no os complace vuestra dama, don Álvaro, o es a vos, doña Guiomar, a la que no agrada vuestro caballero?

–¡Ooooh, no, señor, no es eso! –se apresuraron a decir ambos.

–Solo que... Lo que ocurre es que... ¿me habéis llamado conde...? –preguntó don Álvaro, completamente aturdido.

–Sí, os he llamado conde, don Álvaro, porque conde sois desde hoy. Conde de aquellas tierras, cercanas a la ciudad de Andújar, que conquistasteis para Castilla –respondió el rey sonriendo.

Y entonces sí, entonces los dos jóvenes comprendieron, y fue tan grande su gozo que sus rostros, antes tan sombríos, se iluminaron como se ilumina la oscura noche cuando sale la luna.

La explanada entera compartía su dicha, y así se derramó el entusiasmo de los que allí estaban, dando bravos y vivas, al rey, a la reina Beatriz y a la reina Berenguela... Y también a don Álvaro y a doña Guiomar. Pero estos no respondieron a vivas ni a bravos, porque nada oían sino los latidos de sus emocionados corazones.

Paula estaba radiante de alegría y sorpresa. También ella gritaba, y lo más alto que podía:

–¡Viva el rey! ¡Vivan las reinas! ¡Vivan don Álvaro y doña Guiomar!

Las trompetas sonaron de nuevo anunciando la retirada de los reyes, ¡y qué alegremente sonaban, por cierto!

Después, también sonó la música, y al son de laúdes y flautas la gente bailó gozosa en la explanada del castillo. Paula danzó sonriendo a todo el mundo, danzó una vez y otra vez hasta que no pudo más y se dejó caer sobre una roca.

Y entonces, de golpe, cesó la música y cesaron también los otros sonidos. Paula miró sorprendida alrededor y se encontró en su refugio secreto, vestida con sus vaqueros de siempre y su camiseta de rayas. Y no había nadie en la explanada; ante ella se alzaba el viejo castillo, medio derruido, solitario, sin banderas en las torres y sin puente levadizo sobre el foso.

«Me he quedado dormida y todo ha sido un sueño, solo un sueño», pensó aturdida, y también pensó que le hubiera gustado continuar soñando. Pero de pronto se encontró con la mirada amable del anciano Guardián del Tiempo.

–¿He visto lo que he creído ver, o solo lo he soñado? –le preguntó.

–Lo has visto, pero en julio del año 1226 –respondió el anciano.

Los ojos de Paula brillaron con emoción. Pensaba en el rey Fernando III y en las dos reinas, en el conde de Lara y en el rey niño... Pensaba en las justas y en la música... Pero, sobre todo, pensaba en don Álvaro y en doña Guiomar.

–¿Fueron felices? –preguntó.

–Muy felices –respondió el anciano Guardián del Tiempo mientras hacía un cariñoso gesto de despedida.

–¿Volveré a encontrarte? –preguntó Paula.

–Seguramente –dijo el anciano sonriendo.

Y después desapareció, de la misma forma que había aparecido, de pronto y en silencio.

¿QUIERES LEER MÁS?

# LAS AVENTURAS DE PAULA

***PAULA Y EL AMULETO PERDIDO***
***PAULA Y EL SECRETO DEL ROMANO***
***PAULA Y LOS CABALLEROS DE LA MUERTE***
***PAULA Y LA ESCLAVA FUGITIVA***
***PAULA Y EL REY NIÑO***

*Concha López Narváez y Rafael Salmerón*
*EL BARCO DE VAPOR, SERIE NARANJA*